KILLER SUDOKU

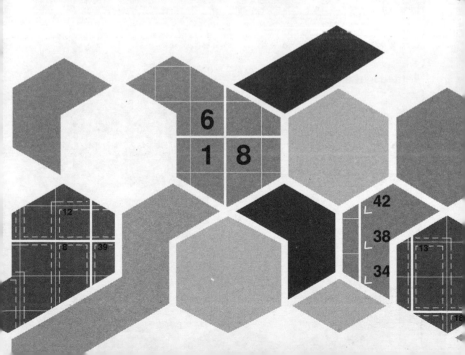

Published in 2022 by Welbeck
An imprint of Welbeck Non-Fiction Limited
part of Welbeck Publishing Group
Offices in: London – 20 Mortimer Street, London W1T 3JW
& Sydney – 205 Commonwealth Street, Surry Hills 2010
www.welbeckpublishing.com

Editorial: Tall Tree Limited
Design: Tall Tree Limited and Eliana Holder

A CIP catalogue for this book is available from the British
Library.

ISBN: 978-1-80279-669-8

Printed in the United Kingdom

10 9 8 7 6 5 4 3 2 1

MIX
Paper | Supporting
responsible forestry
FSC® C171272
FSC
www.fsc.org

2 5

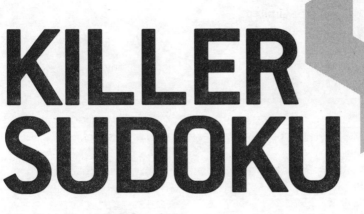

KILLER SUDOKU

More than 200 of the most
difficult puzzles

Dr Gareth Moore

WELBECK

INTRODUCTION

Welcome to this fiendish killer sudoku collection, packed from cover to cover with more than 201 puzzles, including 60 variant types of killer sudoku to force you outside your usual comfort zone!

All of the puzzles obey standard sudoku rules, so to solve each puzzle you will need to place a digit from 1 to 9 into every empty square so that no digit is repeated within any row, column or bold-lined 3×3 box. But then each puzzle type adds its own special killer-sudoku restriction, ranging from the normal killer sudoku effect (where the sums of various dashed-line cages are given, and no digit can be repeated within a cage) to versions where the mathematical constraints are marked in other ways, or involve operations other than simply addition. Full instructions are provided each time a new type of puzzle is introduced, along with an example solved puzzle so you can see exactly how it works.

The 141 regular killer sudoku puzzles are arranged in order of increasing difficulty throughout the book, so if you fancy an easier challenge then try something near the start of the book, while for a tougher challenge then jump to somewhere nearer the end. As a tip for the variant types, make sure to check whether numbers can be repeated within a number total or not – sometimes they can, and sometimes they can't, depending on the puzzle type.

Best of luck with the puzzles, and remember to have fun!

Dr Gareth Moore, London

KILLER SUDOKU

INSTRUCTIONS

Place a number from 1 to 9 into each empty square so that no number repeats in any row, column, bold-lined 3×3 box or dashed-line cage. The numbers in each dashed-line cage must add up to the value given at its top left.

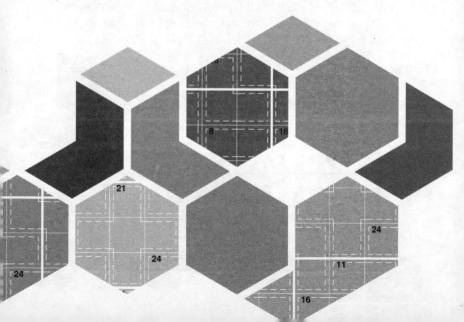

EXAMPLE

34		14		5			15	15		
			6	11			6		
7		12		17			15		43
				21					
38									
		10			9		14		
	5		10		9		30		
13		17	9			7			
			13						

SOLUTION

34		14			5			15	15	
4	**8**	**5**	**6**	**3**	**2**	**7**	**1**	**9**
9	**6**	**3**	**1**	**4**	**7**	**8**	**2**	**5**
1	**7**	**2**	**5**	**9**	**8**	**6**	**4**	**3**
2	**4**	**7**	**3**	**8**	**5**	**9**	**6**	**1**
3	**5**	**1**	**2**	**6**	**9**	**4**	**7**	**8**
8	**9**	**6**	**4**	**7**	**1**	**3**	**5**	**2**
6	**2**	**4**	**9**	**1**	**3**	**5**	**8**	**7**
5	**3**	**8**	**7**	**2**	**6**	**1**	**9**	**4**
7	**1**	**9**	**8**	**5**	**4**	**2**	**3**	**6**

SOLUTION SEE PAGE 222

SOLUTION SEE PAGE 222

SOLUTION SEE PAGE 222

SOLUTION SEE PAGE 223

SOLUTION SEE PAGE 223

SOLUTION SEE PAGE 223

SOLUTION SEE PAGE 224

SOLUTION SEE PAGE 224

SOLUTION SEE PAGE 224

SOLUTION SEE PAGE 225

SOLUTION SEE PAGE 225

SOLUTION SEE PAGE 225

SOLUTION SEE PAGE 226

SOLUTION SEE PAGE 226

SOLUTION SEE PAGE 226

SOLUTION SEE PAGE 227

SOLUTION SEE PAGE 227

SOLUTION SEE PAGE 227

SOLUTION SEE PAGE 228

SOLUTION SEE PAGE 228

SOLUTION SEE PAGE 228

SOLUTION SEE PAGE 229

SOLUTION SEE PAGE 229

SOLUTION SEE PAGE 229

SOLUTION SEE PAGE 230

SOLUTION SEE PAGE 230

SOLUTION SEE PAGE 230

SOLUTION SEE PAGE 231

SOLUTION SEE PAGE 231

SOLUTION SEE PAGE 231

SOLUTION SEE PAGE 232

SOLUTION SEE PAGE 232

SOLUTION SEE PAGE 232

SOLUTION SEE PAGE 233

SOLUTION SEE PAGE 233

SOLUTION SEE PAGE 233

SOLUTION SEE PAGE 234

SOLUTION SEE PAGE 234

SOLUTION SEE PAGE 234

SOLUTION SEE PAGE 235

SOLUTION SEE PAGE 235

SOLUTION SEE PAGE 235

SOLUTION SEE PAGE 236

SOLUTION SEE PAGE 236

SOLUTION SEE PAGE 236

SOLUTION SEE PAGE 237

SOLUTION SEE PAGE 237

SOLUTION SEE PAGE 237

SOLUTION SEE PAGE 238

SOLUTION SEE PAGE 238

SOLUTION SEE PAGE 238

SOLUTION SEE PAGE 239

SOLUTION SEE PAGE 239

SOLUTION SEE PAGE 239

SOLUTION SEE PAGE 240

SOLUTION SEE PAGE 241

SOLUTION SEE PAGE 240

SOLUTION SEE PAGE 241

SOLUTION SEE PAGE 241

SOLUTION SEE PAGE 241

SOLUTION SEE PAGE 242

SOLUTION SEE PAGE 242

SOLUTION SEE PAGE 242

SOLUTION SEE PAGE 243

SOLUTION SEE PAGE 243

SOLUTION SEE PAGE 243

SOLUTION SEE PAGE 244

SOLUTION SEE PAGE 244

SOLUTION SEE PAGE 244

SOLUTION SEE PAGE 245

SOLUTION SEE PAGE 245

SOLUTION SEE PAGE 245

SOLUTION SEE PAGE 246

SOLUTION SEE PAGE 246

SOLUTION SEE PAGE 246

SOLUTION SEE PAGE 247

SOLUTION SEE PAGE 247

SOLUTION SEE PAGE 247

SOLUTION SEE PAGE 248

SOLUTION SEE PAGE 248

SOLUTION SEE PAGE 248

SOLUTION SEE PAGE 249

SOLUTION SEE PAGE 249

SOLUTION SEE PAGE 249

SOLUTION SEE PAGE 250

SOLUTION SEE PAGE 250

SOLUTION SEE PAGE 250

SOLUTION SEE PAGE 251

SOLUTION SEE PAGE 251

SOLUTION SEE PAGE 251

SOLUTION SEE PAGE 252

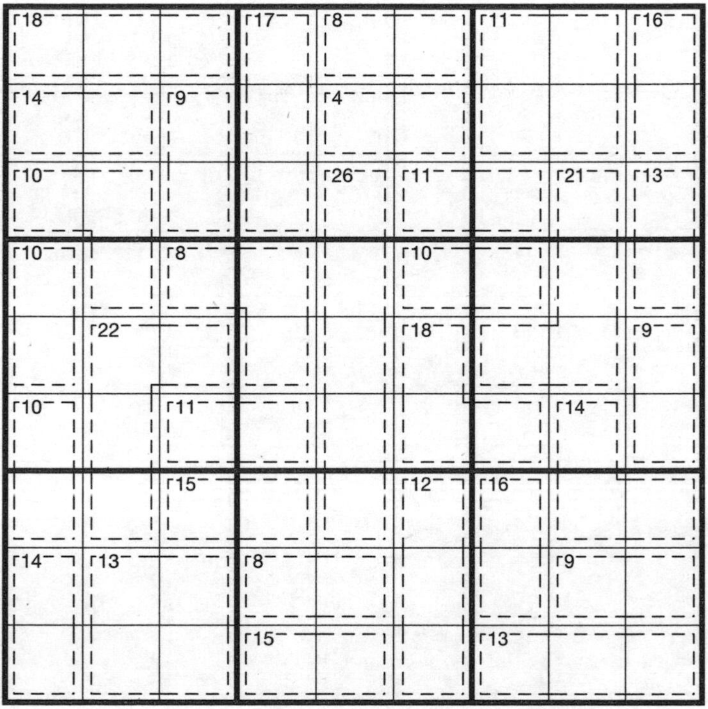

SOLUTION SEE PAGE 252

SOLUTION SEE PAGE 252

SOLUTION SEE PAGE 253

SOLUTION SEE PAGE 253

SOLUTION SEE PAGE 253

SOLUTION SEE PAGE 254

SOLUTION SEE PAGE 254

SOLUTION SEE PAGE 254

SOLUTION SEE PAGE 255

SOLUTION SEE PAGE 255

SOLUTION SEE PAGE 255

SOLUTION SEE PAGE 256

SOLUTION SEE PAGE 256

SOLUTION SEE PAGE 256

SOLUTION SEE PAGE 257

SOLUTION SEE PAGE 257

SOLUTION SEE PAGE 257

SOLUTION SEE PAGE 258

SOLUTION SEE PAGE 258

SOLUTION SEE PAGE 258

SOLUTION SEE PAGE 259

SOLUTION SEE PAGE 259

SOLUTION SEE PAGE 259

SOLUTION SEE PAGE 260

SOLUTION SEE PAGE 260

SOLUTION SEE PAGE 260

SOLUTION SEE PAGE 261

SOLUTION SEE PAGE 261

SOLUTION SEE PAGE 261

SOLUTION SEE PAGE 262

SOLUTION SEE PAGE 262

SOLUTION SEE PAGE 262

SOLUTION SEE PAGE 263

SOLUTION SEE PAGE 263

SOLUTION SEE PAGE 263

SOLUTION SEE PAGE 264

SOLUTION SEE PAGE 264

SOLUTION SEE PAGE 264

SOLUTION SEE PAGE 265

SOLUTION SEE PAGE 265

SOLUTION SEE PAGE 265

SOLUTION SEE PAGE 266

SOLUTION SEE PAGE 266

SOLUTION SEE PAGE 266

SOLUTION SEE PAGE 267

SOLUTION SEE PAGE 267

SOLUTION SEE PAGE 267

SOLUTION SEE PAGE 268

SOLUTION SEE PAGE 268

SOLUTION SEE PAGE 268

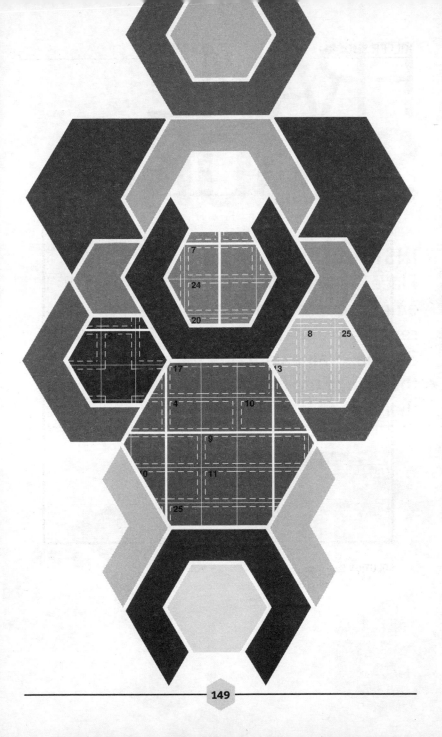

FRAME SUDOKU

INSTRUCTIONS

Place a number from 1 to 9 into each empty square so that no number repeats in any row, column or bold-lined 3×3 box. Values outside the grid reveal the sum of the first three squares in their adjacent row or column.

EXAMPLE

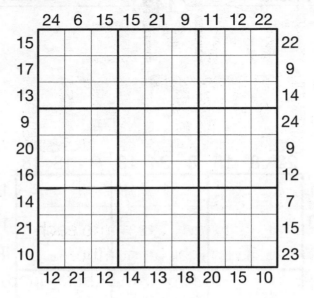

SOLUTION

	24	6	15	15	21	9	11	12	22	
15	8	3	4	1	5	2	6	7	9	22
17	9	2	6	8	7	4	3	1	5	9
13	7	1	5	6	9	3	2	4	8	14
9	3	4	2	5	6	1	8	9	7	24
20	5	8	7	4	3	9	1	6	2	9
16	1	6	9	7	2	8	5	3	4	12
14	6	5	3	9	8	7	4	2	1	7
21	4	9	8	2	1	6	7	5	3	15
10	2	7	1	3	4	5	9	8	6	23
	12	21	12	14	13	18	20	15	10	

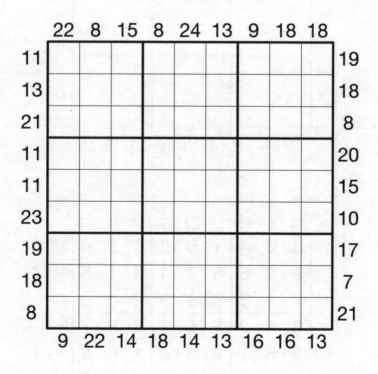

SOLUTION SEE PAGE 269

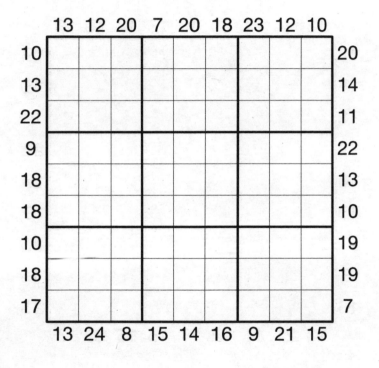

SOLUTION SEE PAGE 269

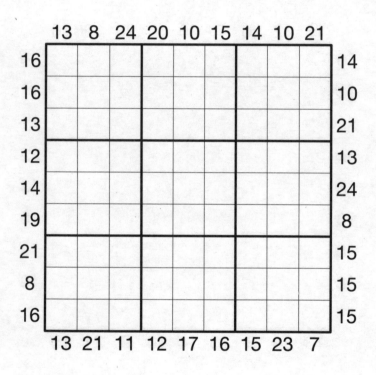

SOLUTION SEE PAGE 269

FRAME **SUDOKU**

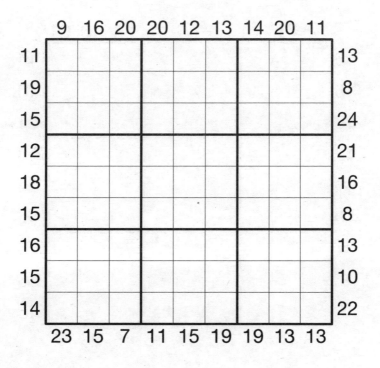

SOLUTION SEE PAGE 270

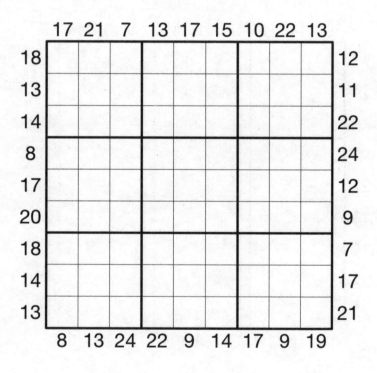

SOLUTION SEE PAGE 270

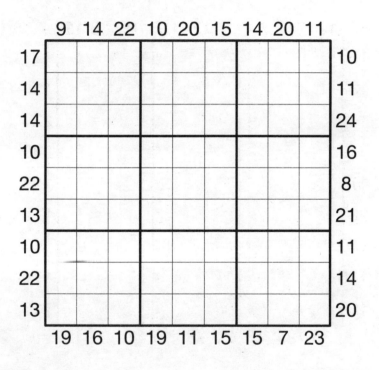

SOLUTION SEE PAGE 270

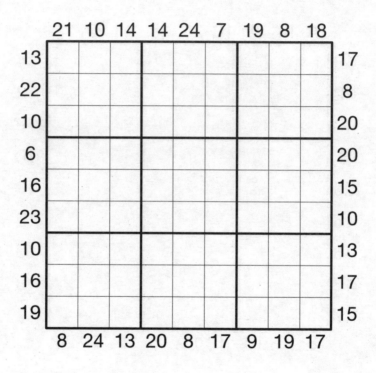

SOLUTION SEE PAGE 271

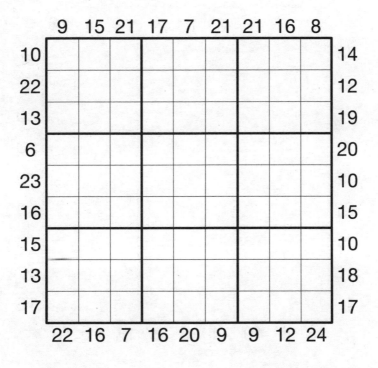

SOLUTION SEE PAGE 271

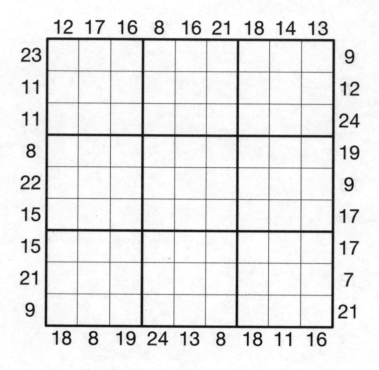

SOLUTION SEE PAGE 271

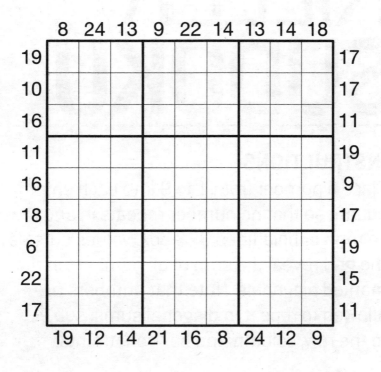

SOLUTION SEE PAGE 272

LITTLE KILLER SUDOKU

INSTRUCTIONS

Place a number from 1 to 9 into each empty square so that no number repeats in any row, column or bold-lined 3×3 box. Values outside the grid reveal the sum of all numbers in the marked diagonals. Note that numbers *are* allowed to repeat in diagonal sums, subject to the row, column and box constraints.

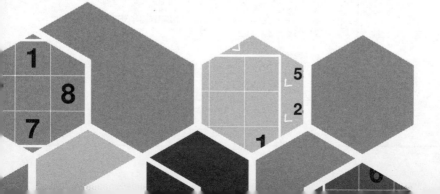

EXAMPLE

	41	28	31	23	28	9	11	7	
							3			55
1					**7**					43
14				**1**						28
18							**6**	**5**		23
16										12
25		**8**	**6**							13
31						**1**				14
31					**3**					4
36			**7**							
		9	7	14	16	36	27	27	45

SOLUTION

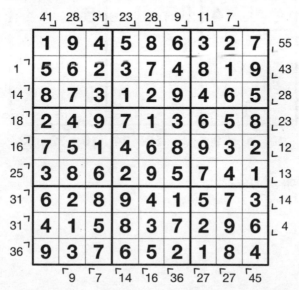

	41	28	31	23	28	9	11	7	
	1	9	4	5	8	6	3	2	7	55
1	5	6	2	3	7	4	8	1	9	43
14	8	7	3	1	2	9	4	6	5	28
18	2	4	9	7	1	3	6	5	8	23
16	7	5	1	4	6	8	9	3	2	12
25	3	8	6	2	9	5	7	4	1	13
31	6	2	8	9	4	1	5	7	3	14
31	4	1	5	8	3	7	2	9	6	4
36	9	3	7	6	5	2	1	8	4	
		9	7	14	16	36	27	27	45

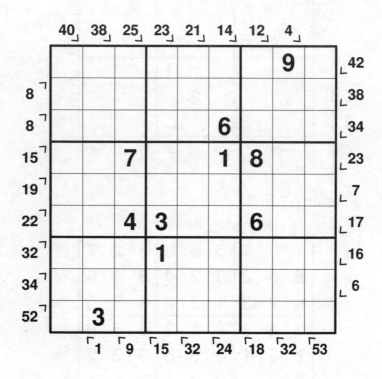

SOLUTION SEE PAGE 272

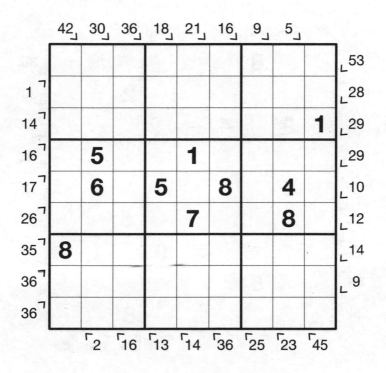

SOLUTION SEE PAGE 272

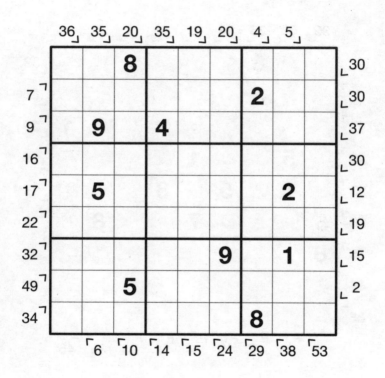

SOLUTION SEE PAGE 273

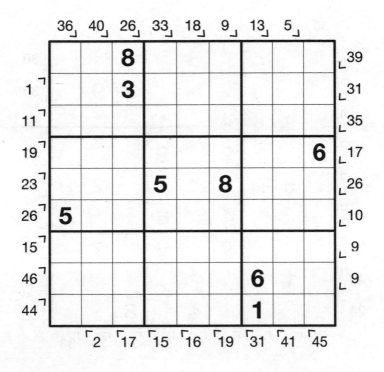

SOLUTION SEE PAGE 273

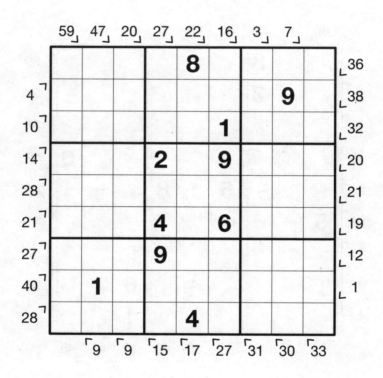

SOLUTION SEE PAGE 273

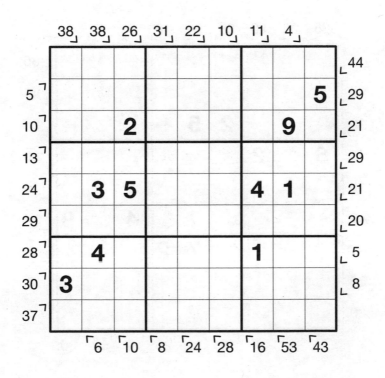

SOLUTION SEE PAGE 274

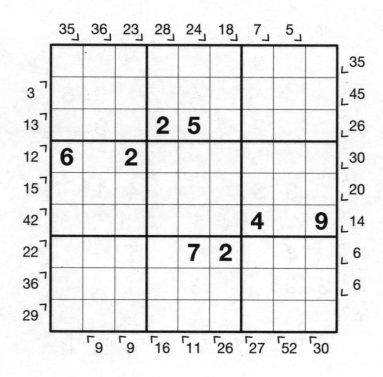

SOLUTION SEE PAGE 274

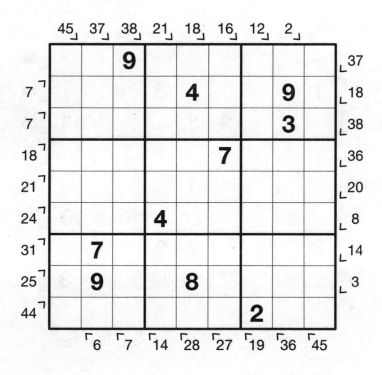

SOLUTION SEE PAGE 275

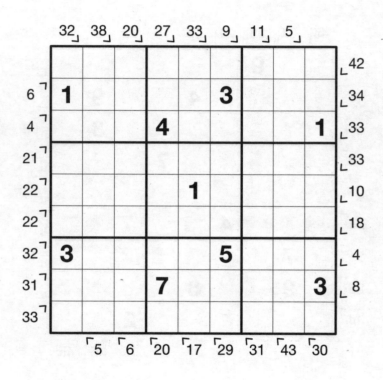

SOLUTION SEE PAGE 275

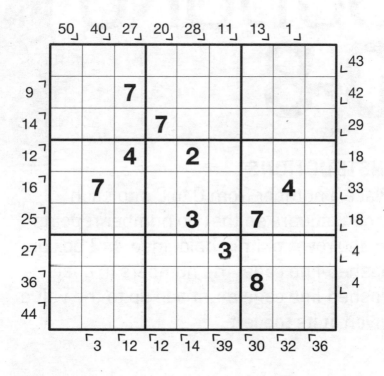

SOLUTION SEE PAGE 276

KILLER
SUDOKU
0-8

INSTRUCTIONS

Place a number from 0 to 8 into each empty square so that no number repeats in any row, column, bold-lined 3×3 box or dashed-line cage. The numbers in each dashed-line cage must add up to the value given at its top left.

EXAMPLE

0 1 2 3 4 5 6 7 8

SOLUTION

0 1 2 3 4 5 6 7 8

0	4	5	3	6	7	8	1	2
6	8	3	1	2	4	0	5	7
2	7	1	8	5	0	6	4	3
8	2	4	0	7	1	3	6	5
7	3	0	5	4	6	1	2	8
1	5	6	2	8	3	4	7	0
5	1	8	6	0	2	7	3	4
4	6	2	7	3	8	5	0	1
3	0	7	4	1	5	2	8	6

0 1 2 3 4 5 6 7 8

SOLUTION SEE PAGE 275

0 1 2 3 4 5 6 7 8

SOLUTION SEE PAGE 276

0 1 2 3 4 5 6 7 8

SOLUTION SEE PAGE 276

0 1 2 3 4 5 6 7 8

SOLUTION SEE PAGE 276

0 1 2 3 4 5 6 7 8

SOLUTION SEE PAGE 277

012345678

SOLUTION SEE PAGE 277

0 1 2 3 4 5 6 7 8

SOLUTION SEE PAGE 277

SOLUTION SEE PAGE 278

SOLUTION SEE PAGE 278

0 1 2 3 4 5 6 7 8

SOLUTION SEE PAGE 278

KILLER SUDOKU PRO

INSTRUCTIONS

Place a number from 1 to 9 into each empty square so that no number repeats in any row, column, bold-lined 3×3 box or dashed-line cage. Each dashed-line cage must result in the given value when the stated operation is applied between all of the numbers in that cage. For subtraction and division operations, start with the highest number in the cage and then subtract or divide by the other numbers in that cage (e.g. the solution to '4-' could be 3, 2, 9).

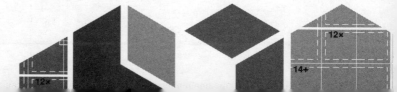

EXAMPLE

SOLUTION

9÷	0−	120×			11+		1÷	
9	**6**	**3**	**5**	**8**	**4**	**7**	**1**	**2**
1	**8**	**2**	**6**	**7**	**3**	**5**	**9**	**4**
7	**5**	**4**	**1**	**2**	**9**	**6**	**3**	**8**
8	**3**	**7**	**9**	**1**	**6**	**2**	**4**	**5**
5	**4**	**1**	**7**	**3**	**2**	**8**	**6**	**9**
6	**2**	**9**	**4**	**5**	**8**	**1**	**7**	**3**
2	**7**	**8**	**3**	**4**	**1**	**9**	**5**	**6**
3	**1**	**6**	**8**	**9**	**5**	**4**	**2**	**7**
4	**9**	**5**	**2**	**6**	**7**	**3**	**8**	**1**

SOLUTION SEE PAGE 279

SOLUTION SEE PAGE 279

SOLUTION SEE PAGE 279

SOLUTION SEE PAGE 280

SOLUTION SEE PAGE 280

SOLUTION SEE PAGE 280

SOLUTION SEE PAGE 281

SOLUTION SEE PAGE 281

SOLUTION SEE PAGE 281

SOLUTION SEE PAGE 282

KILLER SUDOKU MYSTERY

INSTRUCTIONS

Place a number from 1 to 9 into each empty square so that no number repeats in any row, column, bold-lined 3×3 box or dashed-line cage. Each dashed-line cage must result in the given value when a particular operation is applied between *all* of the numbers in that cage. That operation may be addition, subtraction, multiplication or division. For subtraction and division operations, start with the highest number in the cage and then subtract or divide by the other numbers in that cage (e.g. the solution to '4?' could be 3, 2, 9, if a subtraction). Note that there may be multiple operations that result in the correct value.

EXAMPLE

504?	2?	1680?	9?			11?		11?
	40?				216?			
				11?		7?		
6?	1?	810?				360?		
	240?			168?			7?	
	252?							
2?	144?	24?		90?	336?			
24?		120?				12?		
	2?							

SOLUTION

9	8	1	5	2	3	4	7	6
7	2	6	8	4	9	1	3	5
5	4	3	6	7	1	8	2	9
2	1	7	9	3	4	6	5	8
3	5	4	2	6	8	7	9	1
8	6	9	7	1	5	3	4	2
1	3	2	4	9	6	5	8	7
4	9	8	1	5	7	2	6	3
6	7	5	3	8	2	9	1	4

SOLUTION SEE PAGE 282

SOLUTION SEE PAGE 282

SOLUTION SEE PAGE 283

SOLUTION SEE PAGE 283

SOLUTION SEE PAGE 283

SOLUTION SEE PAGE 284

SOLUTION SEE PAGE 284

SOLUTION SEE PAGE 284

SOLUTION SEE PAGE 285

SOLUTION SEE PAGE 284

KILLER CALCUDOKU

INSTRUCTIONS

Place a number from 1 to 9 into each empty square so that no number repeats in any row, column, or bold-lined 3×3 box. Each inset cage must result in the given value when the stated operation is applied between all of the numbers in that cage. For subtraction and division operations, start with the highest number in the cage and then subtract or divide by the other numbers in that cage (e.g. the solution to '4-' could be 3, 2, 9). Note that numbers *can* repeat in the inset cages, subject to the row, column and box constraints.

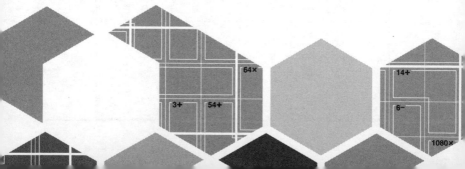

EXAMPLE

SOLUTION

160×			11+	73+	162×			
4	**5**	**8**	**2**	**7**	**3**	**1**	**9**	**6**
12×						40×	21×	
2	**6**	**1**	**9**	**5**	**4**	**8**	**3**	**7**
21+			7+				15+	
7	**3**	**9**	**1**	**6**	**8**	**5**	**2**	**4**
15+		2−	1−				2÷	
6	**2**	**3**	**5**	**4**	**1**	**7**	**8**	**9**
	56×					6×		5×
9	**7**	**5**	**6**	**8**	**2**	**3**	**4**	**1**
3−				2−			13+	
1	**8**	**4**	**3**	**9**	**7**	**2**	**6**	**5**
		5−		18×				
5	**9**	**7**	**8**	**3**	**6**	**4**	**1**	**2**
2÷					14+	30+	8+	
8	**4**	**2**	**7**	**1**	**9**	**6**	**5**	**3**
72×								
3	**1**	**6**	**4**	**2**	**5**	**9**	**7**	**8**

SOLUTION SEE PAGE 285

SOLUTION SEE PAGE 286

1−	5−	7÷	14+	9+	24×	16+		
							540×	224×
135×	6−		288×		18+			
				40×				
18+	18×		22+			8−		
					27+		54×	
	28+					8×		
			7−	9+	35×	3−	4−	14+
8+								

SOLUTION SEE PAGE 286

SOLUTION SEE PAGE 286

SOLUTION SEE PAGE 287

KILLER **CALCUDOKU**

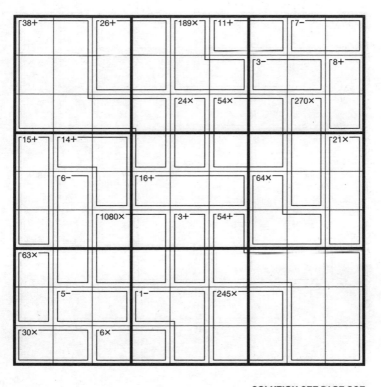

SOLUTION SEE PAGE 287

SOLUTION SEE PAGE 287

SOLUTION SEE PAGE 288

SOLUTION SEE PAGE 288

KILLER **CALCUDOKU**

SOLUTION SEE PAGE 288

SOLUTIONS

1

1	2	8	6	3	7	9	5	4
6	9	4	5	1	2	7	3	8
7	3	5	8	9	4	1	2	6
2	7	3	4	5	6	8	1	9
4	1	9	3	2	8	5	6	7
5	8	6	9	7	1	2	4	3
9	5	7	2	6	3	4	8	1
3	4	1	7	8	5	6	9	2
8	6	2	1	4	9	3	7	5

2

6	7	2	9	5	8	3	1	4
3	5	4	1	6	2	9	8	7
1	8	9	3	4	7	2	5	6
9	6	8	2	1	5	7	4	3
7	2	1	6	3	4	8	9	5
4	3	5	8	7	9	6	2	1
8	1	7	4	2	6	5	3	9
2	4	6	5	9	3	1	7	8
5	9	3	7	8	1	4	6	2

3

3	5	9	1	6	7	4	2	8
4	8	2	5	3	9	6	7	1
7	6	1	8	2	4	3	5	9
2	1	3	4	5	8	7	9	6
8	7	4	9	1	6	2	3	5
6	9	5	2	7	3	1	8	4
1	3	6	7	9	5	8	4	2
5	4	7	6	8	2	9	1	3
9	2	8	3	4	1	5	6	7

④

6	9	2	1	4	8	3	7	5
5	7	4	9	6	3	2	1	8
1	8	3	5	7	2	9	4	6
2	4	1	3	5	7	8	6	9
8	6	9	2	1	4	7	5	3
7	3	5	6	8	9	1	2	4
4	2	8	7	9	6	5	3	1
9	5	7	4	3	1	6	8	2
3	1	6	8	2	5	4	9	7

⑤

4	9	3	8	5	6	7	1	2
8	2	5	4	7	1	3	9	6
6	7	1	2	9	3	8	4	5
3	5	8	1	4	2	6	7	9
2	4	6	9	8	7	1	5	3
7	1	9	3	6	5	4	2	8
9	6	2	7	1	8	5	3	4
5	3	7	6	2	4	9	8	1
1	8	4	5	3	9	2	6	7

⑥

1	3	6	4	7	2	8	5	9
8	4	2	5	9	1	3	7	6
9	7	5	6	3	8	2	1	4
6	8	3	7	1	9	4	2	5
5	9	7	2	8	4	6	3	1
2	1	4	3	5	6	9	8	7
3	5	9	8	6	7	1	4	2
7	2	1	9	4	3	5	6	8
4	6	8	1	2	5	7	9	3

7

3	4	6	9	2	1	5	8	7
9	5	7	8	4	6	3	2	1
2	1	8	3	5	7	4	9	6
1	2	5	4	3	8	6	7	9
8	7	9	5	6	2	1	3	4
6	3	4	7	1	9	2	5	8
7	6	2	1	8	3	9	4	5
4	8	3	6	9	5	7	1	2
5	9	1	2	7	4	8	6	3

8

5	3	1	6	4	8	9	7	2
2	6	8	5	9	7	1	4	3
9	7	4	2	3	1	8	6	5
1	5	7	9	2	3	4	8	6
3	2	6	7	8	4	5	9	1
4	8	9	1	5	6	2	3	7
8	1	3	4	7	2	6	5	9
7	9	2	8	6	5	3	1	4
6	4	5	3	1	9	7	2	8

9

2	6	7	1	5	3	9	4	8
8	1	5	9	7	4	2	3	6
9	4	3	2	8	6	1	7	5
1	7	6	5	4	2	8	9	3
3	8	2	6	9	1	7	5	4
5	9	4	8	3	7	6	1	2
6	5	8	3	1	9	4	2	7
4	2	1	7	6	5	3	8	9
7	3	9	4	2	8	5	6	1

10

5	4	3	7	9	2	8	1	6
6	9	2	1	8	4	5	3	7
1	7	8	3	6	5	9	4	2
3	8	1	6	4	9	2	7	5
7	6	5	2	3	1	4	9	8
4	2	9	8	5	7	3	6	1
9	1	4	5	2	6	7	8	3
8	5	7	9	1	3	6	2	4
2	3	6	4	7	8	1	5	9

11

6	5	1	8	2	7	4	3	9
3	8	4	5	9	1	6	2	7
9	2	7	6	3	4	5	1	8
4	9	8	2	6	5	1	7	3
2	7	5	1	8	3	9	4	6
1	3	6	4	7	9	8	5	2
7	4	9	3	5	6	2	8	1
5	6	2	7	1	8	3	9	4
8	1	3	9	4	2	7	6	5

12

4	9	6	7	3	5	1	8	2
2	1	5	9	8	4	7	6	3
3	8	7	1	6	2	4	9	5
6	4	8	3	5	1	9	2	7
9	2	3	6	4	7	8	5	1
5	7	1	8	2	9	3	4	6
8	3	9	5	1	6	2	7	4
1	5	2	4	7	8	6	3	9
7	6	4	2	9	3	5	1	8

⬡ 13

7	4	1	6	3	9	2	8	5
8	2	9	5	4	1	3	6	7
5	3	6	2	8	7	4	1	9
9	5	8	3	1	4	6	7	2
6	1	3	7	2	8	5	9	4
4	7	2	9	5	6	1	3	8
1	9	7	4	6	2	8	5	3
3	6	4	8	7	5	9	2	1
2	8	5	1	9	3	7	4	6

⬡ 14

9	5	7	2	8	4	6	3	1
4	1	2	6	9	3	5	8	7
3	6	8	5	7	1	2	9	4
5	4	9	1	6	2	8	7	3
8	3	6	7	4	5	1	2	9
7	2	1	8	3	9	4	5	6
6	7	5	9	1	8	3	4	2
2	9	4	3	5	6	7	1	8
1	8	3	4	2	7	9	6	5

⬡ 15

5	6	1	2	3	4	9	7	8
7	2	4	8	6	9	3	1	5
9	3	8	5	7	1	4	6	2
4	1	5	7	2	8	6	3	9
2	9	6	4	1	3	8	5	7
3	8	7	9	5	6	1	2	4
8	7	3	6	4	2	5	9	1
1	5	9	3	8	7	2	4	6
6	4	2	1	9	5	7	8	3

SOLUTIONS

⟨16⟩

6	1	4	3	5	2	9	8	7
7	3	2	9	4	8	6	5	1
5	8	9	7	6	1	3	4	2
9	4	6	1	2	7	8	3	5
1	7	5	4	8	3	2	6	9
8	2	3	5	9	6	7	1	4
2	5	7	6	3	4	1	9	8
3	9	8	2	1	5	4	7	6
4	6	1	8	7	9	5	2	3

⟨17⟩

2	7	9	1	4	5	6	3	8
1	8	3	6	2	9	5	4	7
4	6	5	7	8	3	9	2	1
8	2	7	9	5	4	3	1	6
3	4	6	2	1	8	7	5	9
9	5	1	3	7	6	2	8	4
6	3	8	5	9	1	4	7	2
7	9	4	8	3	2	1	6	5
5	1	2	4	6	7	8	9	3

⟨18⟩

7	2	9	6	1	5	3	8	4
4	6	3	9	8	2	5	1	7
8	5	1	4	7	3	2	9	6
1	4	2	5	3	8	7	6	9
6	7	8	2	4	9	1	3	5
3	9	5	7	6	1	8	4	2
5	1	7	3	9	4	6	2	8
2	3	4	8	5	6	9	7	1
9	8	6	1	2	7	4	5	3

19

2	1	4	8	6	9	5	3	7
3	6	7	5	2	4	1	9	8
8	5	9	1	7	3	2	4	6
7	8	3	2	9	1	6	5	4
4	2	5	3	8	6	9	7	1
6	9	1	4	5	7	8	2	3
1	4	2	6	3	5	7	8	9
5	7	6	9	4	8	3	1	2
9	3	8	7	1	2	4	6	5

20

5	2	6	4	7	8	1	3	9
4	9	3	2	1	6	7	8	5
8	1	7	3	9	5	4	6	2
9	3	4	5	6	2	8	1	7
1	5	2	8	3	7	9	4	6
6	7	8	1	4	9	5	2	3
2	4	9	6	5	1	3	7	8
3	8	5	7	2	4	6	9	1
7	6	1	9	8	3	2	5	4

21

4	7	2	6	1	5	8	9	3
8	6	1	9	3	4	5	2	7
5	3	9	8	2	7	6	1	4
7	9	3	1	5	8	4	6	2
1	4	6	2	7	9	3	8	5
2	8	5	3	4	6	9	7	1
6	2	4	7	8	3	1	5	9
3	1	8	5	9	2	7	4	6
9	5	7	4	6	1	2	3	8

22

6	8	7	4	9	5	3	2	1
3	5	4	2	1	8	6	7	9
1	2	9	6	7	3	4	5	8
2	1	5	9	8	4	7	3	6
4	6	3	1	5	7	8	9	2
9	7	8	3	2	6	5	1	4
7	9	6	8	3	2	1	4	5
5	4	1	7	6	9	2	8	3
8	3	2	5	4	1	9	6	7

23

2	9	3	7	5	8	1	6	4
7	5	1	3	6	4	2	8	9
8	6	4	2	9	1	7	5	3
6	4	8	5	3	7	9	2	1
5	3	2	8	1	9	4	7	6
1	7	9	4	2	6	8	3	5
4	2	6	1	7	3	5	9	8
3	1	5	9	8	2	6	4	7
9	8	7	6	4	5	3	1	2

24

7	8	1	2	5	3	4	6	9
5	4	2	6	8	9	7	3	1
6	9	3	1	7	4	8	5	2
1	2	4	5	9	6	3	8	7
3	6	8	4	2	7	9	1	5
9	7	5	8	3	1	6	2	4
2	5	6	7	4	8	1	9	3
8	3	7	9	1	5	2	4	6
4	1	9	3	6	2	5	7	8

25

2	1	4	9	6	8	7	3	5
9	5	6	1	3	7	2	4	8
7	3	8	4	2	5	1	6	9
3	9	2	7	1	6	5	8	4
6	7	5	8	4	2	9	1	3
4	8	1	5	9	3	6	2	7
8	6	9	2	7	4	3	5	1
1	4	3	6	5	9	8	7	2
5	2	7	3	8	1	4	9	6

26

4	2	3	1	8	9	7	5	6
8	1	5	2	6	7	4	3	9
9	7	6	4	5	3	8	2	1
6	8	2	9	7	1	5	4	3
3	9	1	8	4	5	2	6	7
5	4	7	6	3	2	9	1	8
2	6	8	7	1	4	3	9	5
7	3	4	5	9	6	1	8	2
1	5	9	3	2	8	6	7	4

27

1	5	4	9	7	2	3	8	6
8	3	6	5	4	1	2	9	7
2	7	9	8	6	3	5	1	4
5	6	2	7	3	8	1	4	9
7	8	3	1	9	4	6	5	2
9	4	1	2	5	6	8	7	3
4	2	5	3	1	7	9	6	8
3	1	7	6	8	9	4	2	5
6	9	8	4	2	5	7	3	1

28

8	1	6	9	5	7	2	4	3
2	7	5	4	3	8	1	6	9
9	3	4	1	2	6	8	7	5
4	9	8	5	1	2	6	3	7
7	2	3	6	9	4	5	1	8
6	5	1	7	8	3	4	9	2
3	6	9	2	4	5	7	8	1
5	8	7	3	6	1	9	2	4
1	4	2	8	7	9	3	5	6

29

1	6	3	7	2	9	4	5	8
2	4	9	6	8	5	3	1	7
5	7	8	3	1	4	9	6	2
6	8	1	2	4	3	5	7	9
3	5	7	9	6	8	2	4	1
4	9	2	1	5	7	8	3	6
9	1	4	8	3	6	7	2	5
8	2	5	4	7	1	6	9	3
7	3	6	5	9	2	1	8	4

30

8	7	1	5	4	2	3	9	6
5	3	2	9	7	6	1	8	4
9	6	4	8	3	1	7	5	2
1	9	8	3	2	7	4	6	5
3	2	5	4	6	8	9	7	1
7	4	6	1	9	5	2	3	8
6	1	9	7	8	4	5	2	3
2	5	7	6	1	3	8	4	9
4	8	3	2	5	9	6	1	7

31

8	6	7	2	4	9	1	5	3
4	2	1	3	5	8	7	6	9
5	3	9	1	7	6	8	2	4
1	7	3	4	8	2	6	9	5
6	5	2	7	9	1	3	4	8
9	4	8	5	6	3	2	7	1
7	1	5	8	2	4	9	3	6
2	8	6	9	3	5	4	1	7
3	9	4	6	1	7	5	8	2

32

6	4	7	9	5	8	3	2	1
9	1	3	6	7	2	8	5	4
5	8	2	1	3	4	9	6	7
7	9	8	2	6	1	4	3	5
2	5	4	3	8	7	1	9	6
3	6	1	4	9	5	2	7	8
4	7	5	8	2	9	6	1	3
1	3	9	7	4	6	5	8	2
8	2	6	5	1	3	7	4	9

33

6	8	5	1	4	3	7	2	9
1	3	9	2	7	6	8	4	5
7	4	2	5	9	8	6	3	1
3	6	4	9	5	1	2	7	8
5	7	1	6	8	2	3	9	4
9	2	8	7	3	4	1	5	6
8	1	3	4	2	9	5	6	7
4	5	6	3	1	7	9	8	2
2	9	7	8	6	5	4	1	3

34

3	4	7	9	1	8	5	2	6
8	9	1	2	6	5	4	3	7
6	2	5	4	7	3	8	9	1
4	6	9	8	2	1	3	7	5
7	5	8	3	4	6	2	1	9
1	3	2	5	9	7	6	8	4
2	1	4	6	3	9	7	5	8
5	7	3	1	8	4	9	6	2
9	8	6	7	5	2	1	4	3

35

4	8	5	7	1	3	6	2	9
1	3	9	5	6	2	4	7	8
7	2	6	8	9	4	5	3	1
8	7	1	2	5	6	3	9	4
6	4	2	9	3	8	1	5	7
5	9	3	4	7	1	8	6	2
3	5	8	1	2	9	7	4	6
9	1	7	6	4	5	2	8	3
2	6	4	3	8	7	9	1	5

36

8	2	5	4	9	6	3	1	7
3	6	9	1	7	5	2	8	4
4	1	7	8	2	3	5	6	9
6	7	4	2	3	1	9	5	8
1	8	2	5	4	9	6	7	3
9	5	3	7	6	8	4	2	1
7	9	1	6	5	4	8	3	2
2	4	6	3	8	7	1	9	5
5	3	8	9	1	2	7	4	6

37

5	2	6	7	4	3	8	1	9
1	8	7	9	6	5	3	2	4
3	9	4	2	8	1	5	6	7
2	7	3	6	5	9	1	4	8
4	5	1	8	2	7	9	3	6
8	6	9	3	1	4	7	5	2
7	4	8	1	3	6	2	9	5
6	3	2	5	9	8	4	7	1
9	1	5	4	7	2	6	8	3

38

3	1	5	8	4	2	6	7	9
4	9	2	5	7	6	1	8	3
8	7	6	3	1	9	2	5	4
7	8	1	2	9	5	4	3	6
6	4	3	7	8	1	9	2	5
5	2	9	6	3	4	7	1	8
2	5	7	4	6	3	8	9	1
1	6	8	9	5	7	3	4	2
9	3	4	1	2	8	5	6	7

39

7	3	2	6	1	9	5	4	8
6	9	4	5	8	7	2	3	1
8	1	5	2	4	3	7	9	6
9	5	6	1	3	4	8	7	2
4	8	1	7	6	2	9	5	3
3	2	7	8	9	5	6	1	4
5	6	8	4	7	1	3	2	9
2	4	9	3	5	6	1	8	7
1	7	3	9	2	8	4	6	5

40

6	9	1	3	7	5	8	2	4
4	8	3	2	9	1	6	5	7
5	2	7	4	6	8	1	9	3
3	5	4	8	2	7	9	6	1
2	7	6	9	1	4	5	3	8
9	1	8	5	3	6	7	4	2
1	4	5	6	8	3	2	7	9
7	3	9	1	5	2	4	8	6
8	6	2	7	4	9	3	1	5

41

1	3	8	6	9	4	2	5	7
7	4	9	2	1	5	8	6	3
2	6	5	3	8	7	1	4	9
3	7	4	1	2	9	5	8	6
6	9	1	8	5	3	4	7	2
8	5	2	7	4	6	9	3	1
5	2	3	9	6	8	7	1	4
9	8	6	4	7	1	3	2	5
4	1	7	5	3	2	6	9	8

42

9	5	3	2	1	8	7	6	4
7	8	6	9	3	4	5	2	1
2	1	4	7	5	6	3	9	8
1	7	8	4	6	3	9	5	2
3	6	5	1	2	9	4	8	7
4	9	2	8	7	5	6	1	3
6	4	9	3	8	2	1	7	5
8	3	1	5	9	7	2	4	6
5	2	7	6	4	1	8	3	9

43

3	5	9	7	6	1	4	2	8
8	6	7	4	9	2	5	1	3
1	2	4	8	5	3	9	7	6
9	8	5	3	2	7	6	4	1
4	1	3	5	8	6	7	9	2
2	7	6	1	4	9	8	3	5
6	3	1	9	7	8	2	5	4
7	4	8	2	3	5	1	6	9
5	9	2	6	1	4	3	8	7

44

5	7	4	6	9	2	3	1	8
3	9	1	8	4	5	7	6	2
8	6	2	3	1	7	9	5	4
2	1	9	7	6	8	4	3	5
6	8	5	4	3	1	2	7	9
4	3	7	2	5	9	1	8	6
7	2	3	9	8	6	5	4	1
9	5	6	1	7	4	8	2	3
1	4	8	5	2	3	6	9	7

45

2	1	5	7	6	9	4	8	3
4	8	7	5	3	2	1	9	6
3	6	9	4	1	8	5	2	7
8	9	1	3	4	5	7	6	2
6	4	3	1	2	7	9	5	8
7	5	2	9	8	6	3	4	1
1	3	6	2	9	4	8	7	5
9	7	8	6	5	3	2	1	4
5	2	4	8	7	1	6	3	9

SOLUTIONS

46

6	8	4	5	1	7	3	9	2
5	9	3	6	2	8	7	4	1
1	7	2	3	9	4	5	6	8
3	1	7	9	8	5	4	2	6
8	2	5	4	7	6	9	1	3
4	6	9	1	3	2	8	7	5
2	4	6	7	5	3	1	8	9
9	3	8	2	4	1	6	5	7
7	5	1	8	6	9	2	3	4

47

9	4	8	6	5	2	1	7	3
1	2	3	7	8	9	5	6	4
7	5	6	1	4	3	8	2	9
2	8	1	5	9	4	7	3	6
3	9	5	8	7	6	2	4	1
6	7	4	3	2	1	9	8	5
8	3	9	4	1	7	6	5	2
4	1	7	2	6	5	3	9	8
5	6	2	9	3	8	4	1	7

48

9	4	5	1	8	3	7	6	2
1	8	7	4	6	2	3	5	9
6	2	3	5	9	7	4	1	8
3	6	4	8	7	1	2	9	5
7	1	2	6	5	9	8	3	4
5	9	8	3	2	4	6	7	1
8	5	9	2	3	6	1	4	7
4	7	6	9	1	8	5	2	3
2	3	1	7	4	5	9	8	6

49

8	3	7	9	2	1	6	5	4
6	4	9	5	8	7	3	2	1
1	2	5	4	6	3	8	7	9
5	8	4	1	7	6	2	9	3
3	7	2	8	9	5	1	4	6
9	6	1	2	3	4	7	8	5
2	1	8	3	5	9	4	6	7
4	5	6	7	1	8	9	3	2
7	9	3	6	4	2	5	1	8

50

3	5	1	9	7	2	4	6	8
6	4	8	1	3	5	7	9	2
9	7	2	8	6	4	1	5	3
4	8	7	5	1	6	2	3	9
2	1	6	7	9	3	8	4	5
5	3	9	4	2	8	6	7	1
8	2	4	6	5	9	3	1	7
7	9	3	2	4	1	5	8	6
1	6	5	3	8	7	9	2	4

51

2	5	7	8	9	3	4	1	6
6	9	8	1	4	7	2	5	3
1	3	4	5	2	6	8	9	7
8	1	9	7	6	4	3	2	5
4	7	5	3	1	2	6	8	9
3	6	2	9	8	5	7	4	1
9	2	1	6	7	8	5	3	4
7	8	3	4	5	1	9	6	2
5	4	6	2	3	9	1	7	8

SOLUTIONS

52

7	8	4	1	6	5	3	2	9
5	9	3	2	4	7	6	8	1
2	6	1	8	3	9	5	4	7
6	3	9	4	5	1	2	7	8
1	5	7	9	2	8	4	3	6
8	4	2	3	7	6	1	9	5
4	1	6	7	9	3	8	5	2
3	7	5	6	8	2	9	1	4
9	2	8	5	1	4	7	6	3

53

9	1	3	4	6	8	5	2	7
6	4	8	7	2	5	1	3	9
2	5	7	3	1	9	4	6	8
5	8	4	6	3	2	7	9	1
7	3	9	8	5	1	6	4	2
1	6	2	9	4	7	8	5	3
8	9	5	2	7	6	3	1	4
3	2	1	5	8	4	9	7	6
4	7	6	1	9	3	2	8	5

54

5	7	2	3	1	4	6	9	8
3	1	9	2	8	6	4	7	5
4	6	8	5	7	9	2	1	3
2	9	6	8	3	5	1	4	7
1	3	4	7	6	2	8	5	9
7	8	5	4	9	1	3	2	6
8	5	1	6	4	7	9	3	2
9	2	3	1	5	8	7	6	4
6	4	7	9	2	3	5	8	1

SOLUTIONS

55

1	6	8	2	3	4	5	7	9
3	9	2	6	7	5	1	8	4
5	4	7	1	9	8	2	3	6
6	7	9	3	5	2	4	1	8
8	5	3	9	4	1	7	6	2
4	2	1	7	8	6	9	5	3
7	3	4	8	1	9	6	2	5
2	8	5	4	6	7	3	9	1
9	1	6	5	2	3	8	4	7

56

4	9	5	8	7	3	1	6	2
2	8	1	9	6	4	7	3	5
3	7	6	5	2	1	4	8	9
5	2	7	3	4	9	6	1	8
9	4	8	6	1	7	2	5	3
6	1	3	2	8	5	9	7	4
8	6	9	7	3	2	5	4	1
1	3	2	4	5	6	8	9	7
7	5	4	1	9	8	3	2	6

57

8	6	4	1	3	5	9	2	7
3	5	1	2	7	9	4	6	8
7	2	9	6	8	4	1	5	3
4	9	6	8	1	7	2	3	5
2	1	7	3	5	6	8	9	4
5	8	3	4	9	2	6	7	1
9	3	2	7	4	1	5	8	6
1	7	5	9	6	8	3	4	2
6	4	8	5	2	3	7	1	9

58

7	4	9	1	2	6	3	5	8
3	1	8	9	5	7	4	6	2
6	2	5	4	8	3	9	7	1
4	5	3	8	9	2	7	1	6
1	8	6	3	7	5	2	4	9
2	9	7	6	4	1	8	3	5
5	3	2	7	1	8	6	9	4
9	7	1	2	6	4	5	8	3
8	6	4	5	3	9	1	2	7

59

8	1	5	6	9	3	4	2	7
6	2	9	4	7	1	8	5	3
7	3	4	2	8	5	1	6	9
4	5	3	9	1	6	7	8	2
1	6	7	8	5	2	3	9	4
9	8	2	3	4	7	6	1	5
3	7	1	5	6	9	2	4	8
2	9	8	1	3	4	5	7	6
5	4	6	7	2	8	9	3	1

60

3	4	8	6	5	9	7	2	1
2	6	9	3	7	1	4	5	8
5	7	1	8	4	2	6	3	9
1	2	6	7	3	4	9	8	5
9	8	7	2	1	5	3	4	6
4	5	3	9	8	6	1	7	2
6	9	4	5	2	3	8	1	7
8	3	2	1	6	7	5	9	4
7	1	5	4	9	8	2	6	3

SOLUTIONS

61

3	5	6	4	1	9	8	7	2
9	7	8	2	6	3	1	5	4
1	4	2	8	5	7	3	6	9
4	9	5	3	8	1	6	2	7
2	1	7	6	9	4	5	8	3
6	8	3	7	2	5	4	9	1
8	6	1	9	4	2	7	3	5
7	2	4	5	3	8	9	1	6
5	3	9	1	7	6	2	4	8

62

6	3	4	8	5	1	7	9	2
2	9	8	3	7	4	5	1	6
1	7	5	6	9	2	8	3	4
3	6	9	5	4	8	2	7	1
4	8	1	7	2	6	9	5	3
5	2	7	9	1	3	4	6	8
9	1	2	4	6	5	3	8	7
8	5	6	2	3	7	1	4	9
7	4	3	1	8	9	6	2	5

63

4	3	1	6	5	7	9	2	8
7	9	8	4	3	2	5	6	1
5	2	6	9	1	8	4	7	3
6	7	9	1	4	3	2	8	5
2	1	4	8	7	5	6	3	9
8	5	3	2	6	9	1	4	7
9	6	5	3	8	4	7	1	2
3	4	2	7	9	1	8	5	6
1	8	7	5	2	6	3	9	4

SOLUTIONS

64

3	4	6	1	5	8	2	7	9
8	9	5	2	6	7	3	4	1
2	1	7	3	9	4	6	5	8
6	5	4	9	2	1	7	8	3
9	8	1	7	3	6	4	2	5
7	3	2	4	8	5	9	1	6
1	6	3	5	7	2	8	9	4
5	2	9	8	4	3	1	6	7
4	7	8	6	1	9	5	3	2

65

7	4	2	6	3	5	8	9	1
1	6	5	9	7	8	4	3	2
8	9	3	2	1	4	6	5	7
5	7	6	1	8	9	2	4	3
4	2	8	7	5	3	1	6	9
9	3	1	4	2	6	7	8	5
2	8	4	3	9	1	5	7	6
6	1	9	5	4	7	3	2	8
3	5	7	8	6	2	9	1	4

66

7	3	2	5	6	9	4	8	1
4	1	6	8	7	3	9	5	2
8	9	5	2	1	4	7	6	3
3	5	9	1	8	2	6	4	7
1	7	8	9	4	6	2	3	5
6	2	4	3	5	7	8	1	9
2	8	7	4	3	1	5	9	6
9	4	3	6	2	5	1	7	8
5	6	1	7	9	8	3	2	4

67

8	7	1	3	5	6	9	2	4
2	5	4	1	8	9	6	7	3
3	9	6	4	7	2	1	5	8
4	8	5	7	9	1	3	6	2
9	1	7	6	2	3	8	4	5
6	3	2	5	4	8	7	9	1
1	4	3	9	6	5	2	8	7
7	6	8	2	1	4	5	3	9
5	2	9	8	3	7	4	1	6

68

2	5	7	8	6	9	3	4	1
9	8	3	7	1	4	6	2	5
6	4	1	3	5	2	7	8	9
3	7	4	2	9	1	8	5	6
8	2	9	5	7	6	1	3	4
1	6	5	4	3	8	2	9	7
5	1	8	6	4	3	9	7	2
7	9	2	1	8	5	4	6	3
4	3	6	9	2	7	5	1	8

69

8	7	2	9	4	3	5	1	6
4	9	1	6	5	8	7	2	3
3	6	5	7	2	1	4	8	9
6	3	4	5	8	2	9	7	1
5	2	7	1	6	9	3	4	8
1	8	9	4	3	7	6	5	2
9	5	6	2	1	4	8	3	7
7	1	3	8	9	5	2	6	4
2	4	8	3	7	6	1	9	5

70

7	5	3	4	2	9	1	6	8
4	9	1	7	6	8	5	3	2
6	2	8	3	1	5	9	7	4
2	3	9	5	7	6	4	8	1
1	7	4	9	8	3	6	2	5
5	8	6	1	4	2	3	9	7
8	1	5	6	9	7	2	4	3
9	4	2	8	3	1	7	5	6
3	6	7	2	5	4	8	1	9

71

3	7	5	6	4	1	2	8	9
8	4	6	7	9	2	3	1	5
1	9	2	8	5	3	6	7	4
6	5	4	9	2	7	8	3	1
7	3	9	1	8	5	4	6	2
2	8	1	3	6	4	5	9	7
9	2	3	4	7	8	1	5	6
4	1	7	5	3	6	9	2	8
5	6	8	2	1	9	7	4	3

72

5	1	2	8	7	3	6	4	9
7	6	3	9	2	4	5	8	1
9	4	8	1	6	5	3	7	2
1	9	6	7	5	2	8	3	4
8	5	4	3	1	6	9	2	7
2	3	7	4	8	9	1	5	6
3	8	1	2	9	7	4	6	5
6	7	9	5	4	8	2	1	3
4	2	5	6	3	1	7	9	8

73

9	3	5	1	4	6	2	7	8
1	4	8	5	2	7	9	6	3
2	7	6	3	9	8	5	4	1
7	8	1	4	3	2	6	5	9
4	9	3	6	1	5	8	2	7
5	6	2	7	8	9	1	3	4
6	5	9	8	7	4	3	1	2
8	1	7	2	6	3	4	9	5
3	2	4	9	5	1	7	8	6

74

3	1	2	5	6	4	7	9	8
5	7	9	8	2	3	4	1	6
4	8	6	1	7	9	3	2	5
7	6	4	9	1	5	8	3	2
1	2	3	6	4	8	5	7	9
9	5	8	7	3	2	6	4	1
2	3	5	4	9	6	1	8	7
8	9	1	3	5	7	2	6	4
6	4	7	2	8	1	9	5	3

75

1	6	9	5	2	8	4	7	3
4	8	2	3	6	7	1	5	9
7	5	3	1	9	4	6	2	8
2	4	1	8	7	9	5	3	6
9	3	8	4	5	6	2	1	7
6	7	5	2	1	3	8	9	4
3	1	4	9	8	2	7	6	5
5	9	7	6	4	1	3	8	2
8	2	6	7	3	5	9	4	1

⟨76⟩

9	4	8	5	3	6	1	7	2
1	5	3	2	7	9	4	6	8
7	6	2	4	8	1	3	5	9
5	8	1	9	2	3	7	4	6
3	9	4	6	1	7	8	2	5
6	2	7	8	5	4	9	3	1
4	7	9	1	6	5	2	8	3
2	3	5	7	9	8	6	1	4
8	1	6	3	4	2	5	9	7

⟨77⟩

1	3	7	2	9	6	8	5	4
6	2	4	5	7	8	3	1	9
8	5	9	3	4	1	6	2	7
4	9	6	7	8	2	1	3	5
5	8	1	6	3	4	7	9	2
2	7	3	9	1	5	4	6	8
7	6	2	4	5	3	9	8	1
9	1	5	8	6	7	2	4	3
3	4	8	1	2	9	5	7	6

⟨78⟩

6	3	1	8	4	9	7	2	5
9	2	5	6	3	7	4	1	8
7	4	8	5	1	2	3	6	9
1	7	4	3	2	8	5	9	6
8	9	3	1	5	6	2	7	4
5	6	2	7	9	4	1	8	3
2	1	9	4	6	3	8	5	7
4	5	7	9	8	1	6	3	2
3	8	6	2	7	5	9	4	1

79

7	3	2	1	4	5	9	8	6
9	8	1	7	2	6	5	3	4
5	6	4	8	9	3	1	2	7
2	5	9	6	3	4	7	1	8
8	4	3	2	7	1	6	9	5
1	7	6	9	5	8	2	4	3
4	1	8	5	6	2	3	7	9
6	2	7	3	8	9	4	5	1
3	9	5	4	1	7	8	6	2

80

6	4	8	5	1	2	7	3	9
1	5	2	3	7	9	8	4	6
9	3	7	4	6	8	5	1	2
4	7	1	8	9	3	2	6	5
3	8	9	6	2	5	1	7	4
5	2	6	7	4	1	9	8	3
2	9	4	1	8	6	3	5	7
7	1	5	9	3	4	6	2	8
8	6	3	2	5	7	4	9	1

81

9	5	1	8	3	2	7	4	6
8	6	7	1	5	4	2	3	9
3	4	2	6	9	7	5	8	1
5	3	4	9	1	8	6	7	2
7	9	6	2	4	3	1	5	8
1	2	8	7	6	5	4	9	3
4	8	9	5	2	1	3	6	7
6	1	3	4	7	9	8	2	5
2	7	5	3	8	6	9	1	4

SOLUTIONS

82

5	6	1	9	4	3	2	8	7
3	9	2	1	7	8	5	4	6
7	8	4	5	6	2	3	9	1
9	3	6	8	2	5	1	7	4
2	4	7	3	1	6	9	5	8
1	5	8	7	9	4	6	3	2
8	2	3	4	5	1	7	6	9
4	1	9	6	3	7	8	2	5
6	7	5	2	8	9	4	1	3

83

6	2	9	4	8	1	3	5	7
4	8	7	5	9	3	6	2	1
5	3	1	6	7	2	9	8	4
1	7	5	2	4	9	8	3	6
8	6	3	7	1	5	2	4	9
9	4	2	3	6	8	1	7	5
7	9	4	8	3	6	5	1	2
3	5	6	1	2	7	4	9	8
2	1	8	9	5	4	7	6	3

84

7	5	3	8	9	2	4	1	6
4	9	1	3	5	6	8	7	2
2	6	8	4	1	7	3	9	5
5	3	4	2	7	8	1	6	9
9	1	7	5	6	3	2	8	4
8	2	6	9	4	1	5	3	7
6	4	5	1	8	9	7	2	3
1	7	2	6	3	5	9	4	8
3	8	9	7	2	4	6	5	1

SOLUTIONS

85

6	3	5	8	7	1	9	2	4
1	2	4	9	6	5	3	8	7
7	9	8	3	2	4	1	5	6
5	6	2	1	4	3	8	7	9
8	1	7	6	5	9	2	4	3
3	4	9	2	8	7	5	6	1
4	5	3	7	9	8	6	1	2
9	7	6	5	1	2	4	3	8
2	8	1	4	3	6	7	9	5

86

5	3	8	9	1	2	7	6	4
6	1	7	4	5	8	9	3	2
2	9	4	7	6	3	5	8	1
4	6	1	8	2	9	3	5	7
3	7	9	5	4	1	6	2	8
8	2	5	3	7	6	4	1	9
9	8	6	1	3	7	2	4	5
7	5	2	6	8	4	1	9	3
1	4	3	2	9	5	8	7	6

87

5	2	9	7	6	1	8	3	4
3	4	6	8	2	5	1	7	9
7	8	1	4	9	3	2	5	6
4	9	5	3	7	2	6	8	1
8	6	3	1	4	9	7	2	5
2	1	7	5	8	6	4	9	3
6	7	2	9	5	4	3	1	8
9	3	8	6	1	7	5	4	2
1	5	4	2	3	8	9	6	7

88

9	7	1	6	5	3	2	8	4
8	6	2	1	9	4	5	7	3
4	3	5	7	8	2	6	1	9
3	2	8	5	7	1	9	4	6
6	4	9	3	2	8	7	5	1
1	5	7	4	6	9	8	3	2
7	8	3	9	1	6	4	2	5
5	1	6	2	4	7	3	9	8
2	9	4	8	3	5	1	6	7

89

3	6	8	2	1	7	9	5	4
2	7	9	4	5	3	8	6	1
4	1	5	8	9	6	7	2	3
1	4	6	5	3	8	2	9	7
8	3	2	1	7	9	5	4	6
5	9	7	6	4	2	3	1	8
6	5	3	7	2	1	4	8	9
9	2	1	3	8	4	6	7	5
7	8	4	9	6	5	1	3	2

90

1	3	8	5	9	4	2	7	6
7	4	6	8	1	2	3	5	9
2	5	9	7	6	3	1	8	4
8	1	4	6	7	9	5	2	3
5	6	2	3	4	1	8	9	7
3	9	7	2	8	5	4	6	1
9	8	3	4	5	6	7	1	2
6	2	5	1	3	7	9	4	8
4	7	1	9	2	8	6	3	5

SOLUTIONS

91

2	8	1	5	6	7	3	9	4
7	4	3	8	2	9	1	5	6
5	9	6	1	3	4	2	8	7
1	6	2	3	9	8	7	4	5
4	3	9	2	7	5	6	1	8
8	5	7	4	1	6	9	2	3
9	1	5	6	8	3	4	7	2
6	2	8	7	4	1	5	3	9
3	7	4	9	5	2	8	6	1

92

4	5	9	8	2	6	3	1	7
6	8	7	4	3	1	5	2	9
1	3	2	5	9	7	4	6	8
3	6	4	1	7	2	8	9	5
7	1	8	3	5	9	2	4	6
2	9	5	6	4	8	1	7	3
8	4	6	9	1	3	7	5	2
5	7	3	2	6	4	9	8	1
9	2	1	7	8	5	6	3	4

93

5	9	3	4	2	7	8	6	1
4	7	1	9	6	8	5	2	3
2	8	6	1	5	3	4	9	7
7	2	8	6	1	5	3	4	9
6	4	5	8	3	9	1	7	2
3	1	9	7	4	2	6	8	5
9	5	7	3	8	6	2	1	4
1	6	2	5	7	4	9	3	8
8	3	4	2	9	1	7	5	6

SOLUTIONS

94

8	7	3	5	9	6	4	1	2
4	9	1	8	7	2	3	5	6
5	6	2	4	3	1	8	9	7
6	1	9	2	5	3	7	4	8
3	8	7	6	4	9	1	2	5
2	5	4	7	1	8	9	6	3
9	4	6	3	8	5	2	7	1
1	3	5	9	2	7	6	8	4
7	2	8	1	6	4	5	3	9

95

2	4	1	7	9	5	6	3	8
8	9	6	2	4	3	7	1	5
7	3	5	1	8	6	9	2	4
1	7	8	9	3	4	2	5	6
6	2	9	5	7	1	8	4	3
4	5	3	8	6	2	1	7	9
5	1	4	6	2	8	3	9	7
3	6	7	4	1	9	5	8	2
9	8	2	3	5	7	4	6	1

96

8	3	6	1	2	9	7	4	5
9	1	7	5	4	6	3	2	8
5	4	2	7	3	8	9	6	1
1	7	9	4	8	5	6	3	2
4	8	3	9	6	2	5	1	7
6	2	5	3	7	1	4	8	9
7	6	1	2	5	3	8	9	4
2	5	8	6	9	4	1	7	3
3	9	4	8	1	7	2	5	6

SOLUTIONS

97

7	5	1	8	2	3	4	6	9
9	4	8	6	1	5	2	7	3
6	2	3	9	7	4	5	1	8
4	6	9	3	8	2	7	5	1
1	3	5	7	4	6	9	8	2
2	8	7	5	9	1	3	4	6
5	1	4	2	3	8	6	9	7
8	9	2	4	6	7	1	3	5
3	7	6	1	5	9	8	2	4

98

4	5	2	6	3	8	1	7	9
8	9	3	1	7	5	2	4	6
6	7	1	4	2	9	3	5	8
1	3	5	7	8	4	9	6	2
9	6	7	2	5	3	4	8	1
2	8	4	9	6	1	5	3	7
5	4	6	8	1	2	7	9	3
3	2	8	5	9	7	6	1	4
7	1	9	3	4	6	8	2	5

99

8	6	1	2	3	7	5	9	4
5	7	4	8	9	6	2	1	3
2	9	3	4	5	1	6	8	7
1	2	5	7	6	3	8	4	9
4	8	7	5	2	9	1	3	6
6	3	9	1	4	8	7	5	2
9	5	2	6	8	4	3	7	1
3	1	6	9	7	5	4	2	8
7	4	8	3	1	2	9	6	5

254

⬡ 100

3	6	9	4	7	2	8	1	5
8	5	1	9	3	6	2	4	7
7	4	2	1	5	8	6	9	3
9	2	8	5	1	7	4	3	6
5	1	4	6	9	3	7	8	2
6	3	7	2	8	4	1	5	9
4	9	6	8	2	5	3	7	1
2	7	5	3	4	1	9	6	8
1	8	3	7	6	9	5	2	4

⬡ 101

6	7	9	2	5	3	4	1	8
5	4	3	1	7	8	6	2	9
1	2	8	6	9	4	3	5	7
4	3	2	9	1	5	8	7	6
8	5	1	4	6	7	9	3	2
9	6	7	3	8	2	1	4	5
7	9	6	5	4	1	2	8	3
2	8	4	7	3	9	5	6	1
3	1	5	8	2	6	7	9	4

⬡ 102

2	8	9	1	7	4	6	3	5
6	1	3	5	8	9	2	4	7
5	7	4	6	3	2	8	9	1
3	2	6	4	9	5	7	1	8
4	5	7	3	1	8	9	2	6
8	9	1	7	2	6	3	5	4
7	6	2	9	5	1	4	8	3
1	3	8	2	4	7	5	6	9
9	4	5	8	6	3	1	7	2

SOLUTIONS

103

6	5	2	4	9	8	3	1	7
4	8	3	1	2	7	5	6	9
9	1	7	6	3	5	2	8	4
1	7	6	8	5	3	9	4	2
5	3	4	2	6	9	8	7	1
2	9	8	7	1	4	6	3	5
8	6	9	5	7	1	4	2	3
7	4	5	3	8	2	1	9	6
3	2	1	9	4	6	7	5	8

104

5	7	1	2	4	3	8	6	9
9	2	4	6	5	8	1	3	7
3	6	8	7	9	1	5	2	4
2	1	7	9	8	5	3	4	6
4	3	9	1	7	6	2	8	5
6	8	5	3	2	4	9	7	1
8	9	2	4	1	7	6	5	3
7	5	3	8	6	9	4	1	2
1	4	6	5	3	2	7	9	8

105

4	3	5	2	1	6	7	8	9
8	6	7	4	9	5	1	2	3
9	2	1	8	7	3	6	4	5
1	4	9	7	3	2	8	5	6
2	5	6	1	4	8	3	9	7
7	8	3	6	5	9	4	1	2
5	9	4	3	6	1	2	7	8
3	7	8	5	2	4	9	6	1
6	1	2	9	8	7	5	3	4

SOLUTIONS

<106>

3	7	4	6	1	9	8	5	2
5	9	2	8	3	4	1	7	6
6	8	1	2	7	5	9	4	3
9	1	6	5	2	7	4	3	8
7	5	8	4	9	3	6	2	1
2	4	3	1	8	6	7	9	5
8	6	9	7	5	2	3	1	4
4	3	5	9	6	1	2	8	7
1	2	7	3	4	8	5	6	9

<107>

2	3	4	7	6	8	1	5	9
8	5	7	3	1	9	2	6	4
9	1	6	2	5	4	3	7	8
1	2	8	4	3	7	6	9	5
7	6	5	8	9	1	4	2	3
3	4	9	5	2	6	8	1	7
5	8	2	1	7	3	9	4	6
4	9	1	6	8	5	7	3	2
6	7	3	9	4	2	5	8	1

<108>

1	7	3	9	2	6	5	4	8
2	5	8	4	1	3	7	9	6
4	9	6	5	8	7	1	2	3
7	6	2	3	4	8	9	5	1
5	3	9	2	7	1	6	8	4
8	4	1	6	5	9	2	3	7
9	8	4	1	6	2	3	7	5
3	1	7	8	9	5	4	6	2
6	2	5	7	3	4	8	1	9

SOLUTIONS

<109>

1	8	6	4	2	9	5	3	7
9	5	2	1	7	3	8	4	6
4	3	7	5	6	8	2	1	9
6	4	3	7	1	2	9	8	5
8	1	9	3	5	6	4	7	2
2	7	5	8	9	4	1	6	3
7	2	8	9	3	1	6	5	4
3	6	4	2	8	5	7	9	1
5	9	1	6	4	7	3	2	8

<110>

1	9	8	7	4	2	6	3	5
5	7	2	6	1	3	9	4	8
6	4	3	5	9	8	1	2	7
2	1	7	9	3	4	5	8	6
3	6	4	1	8	5	7	9	2
8	5	9	2	7	6	4	1	3
7	2	1	3	5	9	8	6	4
4	3	5	8	6	1	2	7	9
9	8	6	4	2	7	3	5	1

<111>

8	7	6	2	3	1	9	4	5
1	9	2	5	4	8	6	3	7
5	4	3	6	9	7	1	8	2
7	3	8	9	2	4	5	1	6
2	5	4	7	1	6	3	9	8
9	6	1	8	5	3	2	7	4
3	1	7	4	6	5	8	2	9
4	2	5	1	8	9	7	6	3
6	8	9	3	7	2	4	5	1

SOLUTIONS

112

9	7	3	8	4	6	1	5	2
2	1	8	3	5	7	9	6	4
4	6	5	9	2	1	8	3	7
7	5	4	1	3	2	6	9	8
8	2	1	6	9	4	3	7	5
3	9	6	7	8	5	2	4	1
6	8	2	4	7	3	5	1	9
5	3	7	2	1	9	4	8	6
1	4	9	5	6	8	7	2	3

113

6	5	2	8	1	4	9	3	7
3	4	9	7	6	2	1	5	8
8	1	7	5	9	3	4	6	2
1	2	6	4	3	5	7	8	9
9	8	3	1	7	6	2	4	5
5	7	4	9	2	8	3	1	6
7	3	8	2	5	1	6	9	4
4	9	1	6	8	7	5	2	3
2	6	5	3	4	9	8	7	1

114

3	2	9	6	1	4	7	8	5
7	6	1	3	8	5	2	4	9
4	8	5	2	9	7	1	3	6
2	9	4	5	7	3	6	1	8
8	7	3	9	6	1	4	5	2
1	5	6	4	2	8	9	7	3
6	4	8	7	5	2	3	9	1
9	1	7	8	3	6	5	2	4
5	3	2	1	4	9	8	6	7

115

4	5	9	7	6	8	3	1	2
1	6	3	2	4	9	5	8	7
8	7	2	3	1	5	9	4	6
7	8	5	1	9	3	6	2	4
9	3	6	4	7	2	1	5	8
2	1	4	8	5	6	7	3	9
3	2	7	6	8	1	4	9	5
5	4	8	9	3	7	2	6	1
6	9	1	5	2	4	8	7	3

116

4	5	8	3	6	1	7	9	2
6	3	2	8	9	7	1	5	4
1	7	9	5	2	4	6	8	3
7	9	6	2	4	5	8	3	1
3	2	1	6	7	8	9	4	5
5	8	4	9	1	3	2	7	6
8	6	3	7	5	2	4	1	9
9	1	5	4	8	6	3	2	7
2	4	7	1	3	9	5	6	8

117

3	2	7	9	8	4	5	6	1
5	9	4	3	6	1	8	2	7
1	8	6	5	7	2	4	3	9
7	4	5	1	3	9	6	8	2
2	6	9	4	5	8	1	7	3
8	1	3	7	2	6	9	4	5
9	5	2	8	4	3	7	1	6
4	3	1	6	9	7	2	5	8
6	7	8	2	1	5	3	9	4

SOLUTIONS

118

9	5	6	2	8	4	1	7	3
1	8	7	9	3	5	4	2	6
4	3	2	6	1	7	5	8	9
3	6	9	4	7	1	8	5	2
2	7	8	5	9	3	6	4	1
5	1	4	8	6	2	3	9	7
8	2	3	1	5	9	7	6	4
7	9	5	3	4	6	2	1	8
6	4	1	7	2	8	9	3	5

119

5	6	9	4	8	2	7	3	1
4	1	2	5	3	7	6	8	9
8	3	7	1	6	9	2	4	5
1	7	8	9	5	4	3	6	2
3	5	4	2	7	6	9	1	8
9	2	6	3	1	8	4	5	7
2	9	5	8	4	3	1	7	6
7	4	1	6	9	5	8	2	3
6	8	3	7	2	1	5	9	4

120

6	5	7	2	9	8	4	3	1
8	1	3	7	4	6	2	5	9
2	4	9	3	1	5	7	6	8
1	6	5	9	8	4	3	2	7
3	9	4	5	7	2	8	1	6
7	8	2	1	6	3	5	9	4
5	7	1	8	2	9	6	4	3
9	3	6	4	5	7	1	8	2
4	2	8	6	3	1	9	7	5

121

9	8	6	5	7	2	4	1	3
7	2	5	1	4	3	9	6	8
1	3	4	6	8	9	5	7	2
4	6	2	3	1	7	8	5	9
8	9	7	2	5	6	3	4	1
5	1	3	4	9	8	7	2	6
6	7	8	9	2	5	1	3	4
2	5	1	8	3	4	6	9	7
3	4	9	7	6	1	2	8	5

122

1	4	8	3	7	6	2	9	5
9	3	5	1	2	8	4	7	6
6	7	2	4	9	5	3	8	1
8	2	7	6	3	9	5	1	4
3	5	1	8	4	7	6	2	9
4	9	6	2	5	1	8	3	7
2	6	9	5	1	3	7	4	8
5	1	3	7	8	4	9	6	2
7	8	4	9	6	2	1	5	3

123

6	4	5	7	3	2	1	8	9
1	7	9	4	5	8	2	6	3
2	3	8	1	6	9	4	7	5
7	1	6	9	4	5	3	2	8
8	9	3	2	1	6	5	4	7
5	2	4	3	8	7	6	9	1
3	6	1	8	9	4	7	5	2
9	5	7	6	2	1	8	3	4
4	8	2	5	7	3	9	1	6

124

1	4	2	6	9	8	7	5	3
6	9	3	7	5	1	2	4	8
8	7	5	2	4	3	1	6	9
2	8	4	5	3	7	6	9	1
3	5	6	9	1	2	8	7	4
9	1	7	4	8	6	3	2	5
7	3	9	1	2	4	5	8	6
4	2	1	8	6	5	9	3	7
5	6	8	3	7	9	4	1	2

125

7	8	4	1	9	3	2	6	5
5	9	3	2	8	6	7	1	4
6	2	1	5	7	4	9	3	8
9	7	8	6	1	5	3	4	2
4	1	2	8	3	7	6	5	9
3	5	6	4	2	9	1	8	7
2	3	5	9	4	1	8	7	6
8	4	7	3	6	2	5	9	1
1	6	9	7	5	8	4	2	3

126

2	7	3	9	8	1	6	5	4
1	9	6	5	3	4	2	7	8
5	8	4	2	6	7	3	9	1
9	5	7	3	1	2	4	8	6
6	4	1	7	9	8	5	2	3
3	2	8	6	4	5	9	1	7
4	1	5	8	2	3	7	6	9
7	3	9	1	5	6	8	4	2
8	6	2	4	7	9	1	3	5

SOLUTIONS

127

7	6	9	8	3	2	4	1	5
5	8	2	4	7	1	3	6	9
4	1	3	9	6	5	8	7	2
2	5	6	7	1	4	9	3	8
3	4	1	2	9	8	6	5	7
9	7	8	3	5	6	2	4	1
6	9	7	1	2	3	5	8	4
8	2	5	6	4	7	1	9	3
1	3	4	5	8	9	7	2	6

128

2	4	1	5	6	3	8	7	9
7	9	3	1	2	8	6	5	4
6	8	5	7	4	9	2	3	1
4	1	2	6	3	7	9	8	5
8	5	7	9	1	4	3	2	6
9	3	6	8	5	2	1	4	7
5	2	9	4	8	6	7	1	3
1	6	8	3	7	5	4	9	2
3	7	4	2	9	1	5	6	8

129

1	7	4	6	2	5	8	9	3
8	3	5	4	1	9	2	6	7
9	6	2	7	8	3	4	1	5
5	8	6	9	4	7	1	3	2
4	1	7	3	6	2	9	5	8
3	2	9	1	5	8	6	7	4
2	9	8	5	7	1	3	4	6
7	4	3	8	9	6	5	2	1
6	5	1	2	3	4	7	8	9

SOLUTIONS

130

2	5	7	8	4	6	1	3	9
9	8	1	3	2	7	4	5	6
4	6	3	5	9	1	2	8	7
8	4	2	1	6	5	9	7	3
1	3	5	9	7	8	6	2	4
7	9	6	4	3	2	5	1	8
3	2	9	7	1	4	8	6	5
5	1	4	6	8	3	7	9	2
6	7	8	2	5	9	3	4	1

131

3	7	5	6	1	8	2	4	9
1	2	6	4	7	9	8	5	3
9	4	8	3	5	2	1	6	7
7	3	9	8	2	6	4	1	5
6	1	4	5	3	7	9	2	8
5	8	2	9	4	1	3	7	6
4	6	3	2	8	5	7	9	1
2	5	1	7	9	3	6	8	4
8	9	7	1	6	4	5	3	2

132

1	4	5	6	9	3	8	7	2
6	9	3	2	8	7	4	5	1
7	8	2	5	4	1	9	3	6
8	2	9	4	5	6	7	1	3
5	7	6	3	1	8	2	4	9
4	3	1	7	2	9	5	6	8
3	1	4	9	7	2	6	8	5
9	5	8	1	6	4	3	2	7
2	6	7	8	3	5	1	9	4

SOLUTIONS

133

4	3	5	7	9	1	2	6	8
6	2	1	3	5	8	9	7	4
9	7	8	2	4	6	5	3	1
1	8	3	5	6	9	4	2	7
2	9	6	4	3	7	1	8	5
5	4	7	8	1	2	3	9	6
8	6	9	1	2	5	7	4	3
3	1	2	6	7	4	8	5	9
7	5	4	9	8	3	6	1	2

134

5	7	3	8	6	4	1	9	2
4	6	1	9	7	2	3	5	8
2	8	9	3	5	1	4	7	6
3	5	4	6	1	9	2	8	7
8	9	7	2	3	5	6	4	1
1	2	6	4	8	7	9	3	5
7	4	2	5	9	6	8	1	3
9	1	8	7	2	3	5	6	4
6	3	5	1	4	8	7	2	9

135

5	4	2	3	6	7	9	8	1
3	9	7	8	1	2	5	4	6
6	8	1	4	9	5	2	7	3
8	5	6	9	4	1	3	2	7
4	1	9	2	7	3	8	6	5
2	7	3	6	5	8	4	1	9
9	6	8	1	3	4	7	5	2
1	2	5	7	8	9	6	3	4
7	3	4	5	2	6	1	9	8

136

8	2	3	5	4	1	9	6	7
9	1	7	6	3	8	2	5	4
5	6	4	7	9	2	3	8	1
1	9	6	2	8	5	4	7	3
7	4	2	1	6	3	8	9	5
3	5	8	9	7	4	6	1	2
4	7	1	8	2	6	5	3	9
6	3	9	4	5	7	1	2	8
2	8	5	3	1	9	7	4	6

137

5	6	2	9	4	1	3	8	7
7	3	9	8	5	2	1	6	4
8	4	1	7	6	3	5	9	2
1	7	3	2	9	4	6	5	8
9	5	4	6	3	8	7	2	1
2	8	6	5	1	7	4	3	9
3	9	7	1	8	6	2	4	5
6	1	8	4	2	5	9	7	3
4	2	5	3	7	9	8	1	6

138

1	3	4	6	2	7	9	8	5
7	5	6	8	9	3	2	4	1
2	8	9	1	5	4	7	6	3
6	7	8	4	1	9	5	3	2
5	4	2	3	7	8	6	1	9
9	1	3	2	6	5	8	7	4
8	6	1	9	3	2	4	5	7
4	9	5	7	8	1	3	2	6
3	2	7	5	4	6	1	9	8

SOLUTIONS

139

6	8	9	1	2	4	7	3	5
7	4	3	9	5	8	2	6	1
5	2	1	6	7	3	9	4	8
9	5	6	8	3	2	4	1	7
4	1	8	7	6	9	3	5	2
3	7	2	4	1	5	8	9	6
8	3	7	5	9	6	1	2	4
1	9	5	2	4	7	6	8	3
2	6	4	3	8	1	5	7	9

140

3	1	4	5	2	8	6	7	9
7	2	6	1	9	3	8	4	5
9	8	5	4	6	7	2	3	1
4	3	7	2	8	9	5	1	6
2	6	8	3	5	1	4	9	7
1	5	9	7	4	6	3	8	2
6	4	1	8	7	2	9	5	3
5	9	3	6	1	4	7	2	8
8	7	2	9	3	5	1	6	4

141

4	8	5	6	3	2	7	1	9
9	6	3	1	4	7	8	2	5
1	7	2	5	9	8	6	4	3
2	4	7	3	8	5	9	6	1
3	5	1	2	6	9	4	7	8
8	9	6	4	7	1	3	5	2
6	2	4	9	1	3	5	8	7
5	3	8	7	2	6	1	9	4
7	1	9	8	5	4	2	3	6

SOLUTIONS

142

	22	8	15	8	24	13	9	18	18	
11	6	3	2	1	9	5	4	8	7	19
13	7	1	5	4	8	2	3	9	6	18
21	9	4	8	3	7	6	2	1	5	8
11	5	2	4	6	1	7	8	3	9	20
11	1	7	3	8	2	9	5	6	4	15
23	8	6	9	5	4	3	7	2	1	10
19	4	8	7	2	6	1	9	5	3	17
18	3	9	6	7	5	8	1	4	2	7
8	2	5	1	9	3	4	6	7	8	21
	9	22	14	18	14	13	16	16	13	

143

	13	12	20	7	20	18	23	12	10	
10	3	2	5	1	6	8	9	7	4	20
13	1	4	8	2	9	7	6	3	5	14
22	9	6	7	4	5	3	8	2	1	11
9	4	3	2	8	1	5	7	6	9	22
18	7	5	6	9	3	2	4	1	8	13
18	8	1	9	6	7	4	2	5	3	10
10	2	7	1	3	4	9	5	8	6	19
18	6	8	4	5	2	1	3	9	7	19
17	5	9	3	7	8	6	1	4	2	7
	13	24	8	15	14	16	9	21	15	

144

	13	8	24	20	10	15	14	10	21	
16	6	1	9	5	7	3	4	2	8	14
16	5	4	7	9	2	8	1	3	6	10
13	2	3	8	6	1	4	9	5	7	21
12	9	2	1	8	5	7	6	4	3	13
14	3	6	5	2	4	1	8	7	9	24
19	7	8	4	3	9	6	2	1	5	8
21	8	7	6	4	3	2	5	9	1	15
8	1	5	2	7	6	9	3	8	4	15
16	4	9	3	1	8	5	7	6	2	15
	13	21	11	12	17	16	15	23	7	

SOLUTIONS

145

	9	16	20	20	12	13	14	20	11	
11	2	1	8	9	7	5	4	6	3	13
19	3	9	7	8	4	6	2	5	1	8
15	4	6	5	3	1	2	8	9	7	24
12	1	8	3	2	6	4	5	7	9	21
18	5	4	9	7	3	1	6	2	8	16
15	7	2	6	5	9	8	1	3	4	8
16	9	5	2	1	8	7	3	4	6	13
15	8	3	4	6	5	9	7	1	2	10
14	6	7	1	4	2	3	9	8	5	22
	23	15	7	11	15	19	19	13	13	

146

	17	21	7	13	17	15	10	22	13	
18	8	9	1	3	7	5	4	6	2	12
13	6	5	2	8	4	9	1	7	3	11
14	3	7	4	2	6	1	5	9	8	22
8	4	1	3	5	2	6	9	8	7	24
17	9	2	6	1	8	7	3	4	5	12
20	7	8	5	4	9	3	6	2	1	9
18	5	6	7	9	3	8	2	1	4	7
14	1	4	9	7	5	2	8	3	6	17
13	2	3	8	6	1	4	7	5	9	21
	8	13	24	22	9	14	17	9	19	

147

	9	14	22	10	20	15	14	20	11	
17	2	7	8	3	9	6	4	5	1	10
14	1	4	9	5	7	8	2	6	3	11
14	6	3	5	2	4	1	8	9	7	24
10	5	1	4	7	3	9	6	8	2	16
22	9	6	7	8	5	2	1	3	4	8
13	3	8	2	1	6	4	9	7	5	21
10	4	5	1	9	8	7	3	2	6	11
22	7	9	6	4	2	3	5	1	8	14
13	8	2	3	6	1	5	7	4	9	20
	19	16	10	19	11	15	15	7	23	

SOLUTIONS

148

	21	10	14	14	24	7	19	8	18	
13	6	3	4	5	9	1	7	2	8	17
22	8	5	9	6	7	2	3	1	4	8
10	7	2	1	3	8	4	9	5	6	20
6	2	1	3	8	6	5	4	9	7	20
16	5	4	7	2	3	9	8	6	1	15
23	9	6	8	1	4	7	5	3	2	10
10	1	7	2	9	5	8	6	4	3	13
16	3	8	5	4	2	6	1	7	9	17
19	4	9	6	7	1	3	2	8	5	15
	8	24	13	20	8	17	9	19	17	

149

	9	15	21	17	7	21	21	16	8	
10	1	2	7	9	4	8	6	3	5	14
22	5	9	8	3	2	6	7	4	1	12
13	3	4	6	5	1	7	8	9	2	19
6	2	1	3	6	8	5	9	7	4	20
23	8	6	9	4	7	1	5	2	3	10
16	4	7	5	2	3	9	1	8	6	15
15	6	5	4	8	9	3	2	1	7	10
13	9	3	1	7	5	2	4	6	8	18
17	7	8	2	1	6	4	3	5	9	17
	22	16	7	16	20	9	9	12	24	

150

	12	17	16	8	16	21	18	14	13	
23	9	6	8	2	4	7	5	1	3	9
11	1	7	3	5	9	8	6	4	2	12
11	2	4	5	1	3	6	7	9	8	24
8	4	3	1	6	7	5	2	8	9	19
22	6	9	7	4	8	2	3	5	1	9
15	5	8	2	3	1	9	4	7	6	17
15	8	1	6	7	2	4	9	3	5	17
21	7	5	9	8	6	3	1	2	4	7
9	3	2	4	9	5	1	8	6	7	21
	18	8	19	24	13	8	18	11	16	

SOLUTIONS

152

	8	24	13	9	22	14	13	14	18	
19	4	9	6	1	5	3	2	7	8	17
10	1	7	2	6	8	4	5	3	9	17
16	3	8	5	2	9	7	6	4	1	11
11	6	4	1	5	2	8	3	9	7	19
16	5	3	8	7	4	9	1	2	6	9
18	7	2	9	3	1	6	4	8	5	17
6	2	1	3	8	7	5	9	6	4	19
22	9	6	7	4	3	1	8	5	2	15
17	8	5	4	9	6	2	7	1	3	11
	19	12	14	21	16	8	24	12	9	

152

	40	38	25	23	21	14	12	4		
	8	1	6	5	2	3	7	9	4	42
8	7	4	2	9	1	8	5	6	3	38
8	5	9	3	7	4	6	2	8	1	34
15	3	6	7	2	9	1	8	4	5	23
19	2	5	1	6	8	4	9	3	7	7
22	9	8	4	3	7	5	6	1	2	17
32	4	7	5	1	6	9	3	2	8	16
34	6	2	8	4	3	7	1	5	9	6
52	1	3	9	8	5	2	4	7	6	
	1	9	15	32	24	18	32	53		

153

	42	30	36	18	21	16	9	5		
	1	8	7	9	3	4	6	2	5	53
1	6	4	3	2	5	1	8	9	7	28
14	5	2	9	8	6	7	4	3	1	29
16	3	5	8	4	1	2	9	7	6	29
17	7	6	2	5	9	8	1	4	3	10
26	4	9	1	3	7	6	5	8	2	12
35	8	3	5	6	2	9	7	1	4	14
36	9	1	6	7	4	3	2	5	8	9
36	2	7	4	1	8	5	3	6	9	
	2	16	13	14	36	25	23	45		

SOLUTIONS

154

	36	35	20	35	19	20	4	5	
	7	4	8	2	6	1	9	3	5	30
7	5	6	3	7	9	8	2	4	1	30
9	2	9	1	4	5	3	6	8	7	37
16	3	7	9	5	4	2	1	6	8	30
17	1	5	6	8	3	7	4	2	9	12
22	4	8	2	9	1	6	7	5	3	19
32	8	3	7	6	2	9	5	1	4	15
49	9	2	5	1	8	4	3	7	6	2
34	6	1	4	3	7	5	8	9	2	
	6	10	14	15	24	29	38	53	

155

	36	40	26	33	18	9	13	5	
	1	7	8	3	9	2	4	6	5	39
1	4	5	3	8	1	6	9	2	7	31
11	6	9	2	4	7	5	8	1	3	35
19	8	4	1	7	2	3	5	9	6	17
23	3	2	9	5	6	8	7	4	1	26
26	5	6	7	9	4	1	2	3	8	10
15	7	1	6	2	5	9	3	8	4	9
46	9	3	4	1	8	7	6	5	2	9
44	2	8	5	6	3	4	1	7	9	
	2	17	15	16	19	31	41	45	

156

	59	47	20	27	22	16	3	7	
	4	9	6	5	8	2	3	1	7	36
4	1	5	7	3	6	4	8	9	2	38
10	3	8	2	7	9	1	5	6	4	32
14	8	3	4	2	5	9	1	7	6	20
28	5	6	9	1	7	8	4	2	3	21
21	2	7	1	4	3	6	9	8	5	19
27	6	4	3	9	1	7	2	5	8	12
40	7	1	5	8	2	3	6	4	9	1
28	9	2	8	6	4	5	7	3	1	
	9	9	15	17	27	31	30	33	

157

38	38	26	31	22	10	11	4		
5	1	3	8	9	2	7	6	4	44
9	6	7	1	4	3	8	2	5	29
4	8	2	6	7	5	3	9	1	21
1	9	6	4	5	8	2	7	3	29
8	3	5	2	6	7	4	1	9	21
7	2	4	9	3	1	5	8	6	20
2	4	9	3	8	6	1	5	7	5
3	5	8	7	1	9	6	4	2	8
6	7	1	5	2	4	9	3	8	

Left: 5, 10, 13, 24, 29, 28, 30, 37
Bottom: 6 10 8 24 28 16 53 43

158

35	36	23	28	24	18	7	5		
3	8	6	1	9	7	2	4	5	35
5	2	7	8	6	4	1	9	3	45
4	1	9	2	5	3	6	8	7	26
6	9	2	4	1	5	3	7	8	30
7	4	8	9	3	6	5	1	2	20
1	5	3	7	2	8	4	6	9	14
8	6	4	5	7	2	9	3	1	6
2	3	1	6	8	9	7	5	4	6
9	7	5	3	4	1	8	2	6	

Left: 3, 13, 12, 15, 42, 22, 36, 29
Bottom: 9 9 16 11 26 27 52 30

159

45	37	38	21	18	16	12	2		
7	4	9	8	1	3	6	5	2	37
3	1	2	6	4	5	8	9	7	18
8	6	5	7	2	9	4	3	1	38
5	8	6	1	9	7	3	2	4	36
4	2	7	3	5	8	1	6	9	20
9	3	1	4	6	2	5	7	8	8
1	7	8	2	3	6	9	4	5	14
2	9	3	5	8	4	7	1	6	3
6	5	4	9	7	1	2	8	3	

Left: 7, 7, 18, 21, 24, 31, 25, 44
Bottom: 6 7 14 28 27 19 36 45

SOLUTIONS

160

	32	38	20	27	33	9	11	5		
	6	3	4	1	8	9	2	7	5	42
6	1	9	5	2	7	3	8	6	4	34
4	8	7	2	4	5	6	3	9	1	33
21	9	6	3	5	2	8	1	4	7	33
22	4	2	8	6	1	7	5	3	9	10
22	7	5	1	9	3	4	6	8	2	18
32	3	1	7	8	4	5	9	2	6	4
31	2	8	6	7	9	1	4	5	3	8
33	5	4	9	3	6	2	7	1	8	
	5	6	20	17	29	31	43	30		

161

	50	40	27	20	28	11	13	1		
	9	6	5	3	8	2	4	7	1	43
9	8	3	7	1	5	4	9	2	6	42
14	4	1	2	7	9	6	3	8	5	29
12	5	8	4	6	2	7	1	3	9	18
16	6	7	3	8	1	9	5	4	2	33
25	2	9	1	4	3	5	7	6	8	18
27	1	4	8	5	6	3	2	9	7	4
36	7	2	6	9	4	1	8	5	3	4
44	3	5	9	2	7	8	6	1	4	
	3	12	12	14	39	30	32	36		

162

0 1 2 3 4 5 6 7 8

2	1	7	0	8	3	4	6	5
4	6	0	2	7	5	8	3	1
3	5	8	4	6	1	0	2	7
8	3	2	7	5	6	1	4	0
0	4	5	1	3	2	7	8	6
6	7	1	8	4	0	2	5	3
5	8	4	3	1	7	6	0	2
1	2	3	6	0	4	5	7	8
7	0	6	5	2	8	3	1	4

163

```
0 1 2 3 4 5 6 7 8
4 6 0 5 3 2 1 8 7
2 5 7 1 4 8 6 3 0
1 8 3 6 0 7 4 5 2
7 4 5 3 8 6 2 0 1
0 1 8 7 2 4 5 6 3
3 2 6 0 1 5 7 4 8
5 7 1 8 6 0 3 2 4
8 3 2 4 5 1 0 7 6
6 0 4 2 7 3 8 1 5
```

164

```
0 1 2 3 4 5 6 7 8
0 4 3 5 2 7 6 8 1
8 5 2 3 1 6 0 4 7
1 7 6 4 8 0 5 3 2
6 3 7 0 5 4 2 1 8
5 8 1 7 3 2 4 0 6
2 0 4 8 6 1 7 5 3
4 2 8 1 7 5 3 6 0
3 6 0 2 4 8 1 7 5
7 1 5 6 0 3 8 2 4
```

165

```
0 1 2 3 4 5 6 7 8
6 7 1 0 3 4 8 5 2
5 3 0 2 7 8 1 4 6
4 2 8 5 1 6 7 3 0
0 8 4 1 2 5 3 6 7
2 6 5 3 4 7 0 1 8
3 1 7 8 6 0 4 2 5
7 5 2 4 0 3 6 8 1
1 4 6 7 8 2 5 0 3
8 0 3 6 5 1 2 7 4
```

SOLUTIONS

166

```
0 1 2 3 4 5 6 7 8
```

3	1	5	8	2	7	0	6	4
0	4	7	5	1	6	8	2	3
8	2	6	0	3	4	7	1	5
2	0	8	6	5	3	1	4	7
6	7	3	2	4	1	5	8	0
1	5	4	7	0	8	2	3	6
4	3	2	1	7	5	6	0	8
7	8	1	4	6	0	3	5	2
5	6	0	3	8	2	4	7	1

167

```
0 1 2 3 4 5 6 7 8
```

1	5	6	7	0	3	4	2	8
8	2	3	5	4	1	0	7	6
7	0	4	8	2	6	3	5	1
6	4	2	0	5	7	1	8	3
5	1	8	2	3	4	7	6	0
0	3	7	6	1	8	5	4	2
4	6	0	1	7	2	8	3	5
3	8	5	4	6	0	2	1	7
2	7	1	3	8	5	6	0	4

168

```
0 1 2 3 4 5 6 7 8
```

8	1	3	6	2	0	4	5	7
2	4	6	5	7	8	3	0	1
7	5	0	3	1	4	6	2	8
5	3	1	8	4	6	2	7	0
4	8	2	7	0	3	1	6	5
6	0	7	2	5	1	8	3	4
3	6	4	0	8	7	5	1	2
1	7	5	4	6	2	0	8	3
0	2	8	1	3	5	7	4	6

⟨169⟩

```
        0 1 2 3 4 5 6 7 8
1 0 4 8 2 3 7 6 5
7 2 8 5 1 6 4 3 0
5 6 3 4 7 0 1 8 2
3 8 7 1 6 2 0 5 4
2 4 0 7 3 5 8 1 6
6 1 5 0 8 4 2 7 3
0 3 1 6 4 7 5 2 8
8 5 6 2 0 1 3 4 7
4 7 2 3 5 8 6 0 1
```

⟨170⟩

```
        0 1 2 3 4 5 6 7 8
5 7 1 3 2 4 0 8 6
2 3 6 8 1 0 4 7 5
4 8 0 6 5 7 3 1 2
8 4 3 1 7 6 5 2 0
0 1 5 4 3 2 7 6 8
6 2 7 0 8 5 1 4 3
3 5 2 7 6 1 8 0 4
7 0 8 2 4 3 6 5 1
1 6 4 5 0 8 2 3 7
```

⟨171⟩

```
        0 1 2 3 4 5 6 7 8
0 7 5 4 6 8 3 2 1
6 1 2 7 5 3 0 8 4
3 8 4 0 1 2 5 7 6
5 2 8 3 0 4 1 6 7
1 0 7 2 8 6 4 3 5
4 3 6 1 7 5 2 0 8
2 5 3 8 4 7 6 1 0
7 4 1 6 2 0 8 5 3
8 6 0 5 3 1 7 4 2
```

SOLUTIONS

172

9	1	8	6	3	7	2	4	5
3	4	6	1	5	2	7	8	9
2	5	7	9	8	4	3	6	1
1	2	3	8	9	6	5	7	4
7	6	5	4	1	3	9	2	8
8	9	4	2	7	5	1	3	6
5	8	2	7	6	9	4	1	3
6	7	9	3	4	1	8	5	2
4	3	1	5	2	8	6	9	7

173

5	2	8	3	4	1	6	9	7
4	7	6	5	2	9	8	1	3
9	1	3	6	8	7	2	4	5
8	5	1	4	6	2	7	3	9
3	9	7	1	5	8	4	6	2
6	4	2	9	7	3	1	5	8
7	3	5	8	1	6	9	2	4
2	6	4	7	9	5	3	8	1
1	8	9	2	3	4	5	7	6

174

2	9	1	6	3	4	8	7	5
3	6	7	8	2	5	9	4	1
5	4	8	1	7	9	3	2	6
4	1	3	2	9	8	5	6	7
9	8	5	7	6	1	4	3	2
6	7	2	5	4	3	1	8	9
7	5	4	9	8	2	6	1	3
8	2	9	3	1	6	7	5	4
1	3	6	4	5	7	2	9	8

SOLUTIONS

175

7	1	4	6	9	3	2	5	8
2	3	8	1	5	7	6	4	9
9	6	5	2	8	4	7	1	3
8	7	6	4	3	5	1	9	2
4	5	2	9	6	1	8	3	7
3	9	1	7	2	8	4	6	5
6	8	3	5	4	2	9	7	1
5	4	7	8	1	9	3	2	6
1	2	9	3	7	6	5	8	4

176

1	6	7	5	9	3	4	2	8
8	3	2	4	7	1	9	5	6
4	9	5	2	6	8	7	3	1
9	5	4	8	1	7	2	6	3
2	8	3	6	4	5	1	9	7
6	7	1	9	3	2	5	8	4
3	4	6	7	5	9	8	1	2
5	1	8	3	2	4	6	7	9
7	2	9	1	8	6	3	4	5

177

1	5	4	6	7	2	9	8	3
7	8	9	4	3	1	6	2	5
6	3	2	8	9	5	4	7	1
9	7	8	3	5	6	2	1	4
3	1	5	9	2	4	7	6	8
4	2	6	7	1	8	3	5	9
2	9	3	5	8	7	1	4	6
5	4	1	2	6	9	8	3	7
8	6	7	1	4	3	5	9	2

178

6	5	1	2	8	9	3	7	4
7	9	4	5	3	6	1	8	2
2	3	8	1	4	7	5	6	9
4	8	7	9	2	5	6	3	1
1	2	5	7	6	3	4	9	8
9	6	3	4	1	8	2	5	7
5	1	9	6	7	4	8	2	3
3	7	2	8	5	1	9	4	6
8	4	6	3	9	2	7	1	5

179

3	7	9	5	2	1	4	6	8
1	4	6	7	8	3	5	2	9
8	2	5	6	9	4	1	7	3
2	6	1	4	3	5	9	8	7
4	3	7	8	1	9	6	5	2
9	5	8	2	6	7	3	4	1
7	8	3	9	5	6	2	1	4
6	9	4	1	7	2	8	3	5
5	1	2	3	4	8	7	9	6

180

2	4	1	3	6	7	5	8	9
3	6	5	8	2	9	4	1	7
9	8	7	1	5	4	3	6	2
6	3	4	2	1	5	9	7	8
1	7	9	4	8	6	2	5	3
5	2	8	7	9	3	6	4	1
4	9	2	6	7	8	1	3	5
8	1	6	5	3	2	7	9	4
7	5	3	9	4	1	8	2	6

SOLUTIONS

181

6	7	1	4	8	2	9	3	5
5	8	3	9	1	6	4	7	2
4	9	2	7	5	3	1	6	8
1	6	5	8	7	4	3	2	9
7	3	4	5	2	9	6	8	1
8	2	9	3	6	1	7	5	4
3	5	6	1	9	8	2	4	7
2	1	8	6	4	7	5	9	3
9	4	7	2	3	5	8	1	6

182

5	8	4	3	1	6	9	2	7
6	7	1	5	9	2	4	3	8
3	9	2	8	7	4	6	5	1
2	1	9	7	6	8	5	4	3
7	6	3	9	4	5	1	8	2
8	4	5	1	2	3	7	6	9
9	2	6	4	8	1	3	7	5
4	5	7	2	3	9	8	1	6
1	3	8	6	5	7	2	9	4

183

9	4	8	3	7	2	6	1	5
1	7	3	5	6	4	9	2	8
6	2	5	8	1	9	7	4	3
5	3	2	9	4	6	1	8	7
8	1	9	2	5	7	4	3	6
4	6	7	1	3	8	5	9	2
3	5	6	4	8	1	2	7	9
7	9	1	6	2	3	8	5	4
2	8	4	7	9	5	3	6	1

SOLUTIONS

184

5	1	8	2	9	7	3	4	6
9	6	4	8	3	5	2	7	1
2	3	7	1	6	4	5	8	9
1	4	9	5	8	2	6	3	7
6	5	2	3	7	1	8	9	4
8	7	3	6	4	9	1	5	2
3	9	5	4	2	6	7	1	8
7	8	6	9	1	3	4	2	5
4	2	1	7	5	8	9	6	3

185

8	2	1	7	6	9	4	5	3
4	6	5	1	2	3	8	7	9
3	7	9	5	8	4	1	6	2
2	5	8	9	3	7	6	4	1
1	3	6	4	5	2	9	8	7
7	9	4	8	1	6	2	3	5
5	4	2	3	9	8	7	1	6
6	1	7	2	4	5	3	9	8
9	8	3	6	7	1	5	2	4

186

3	6	1	4	9	2	5	7	8
4	7	5	6	3	8	1	2	9
8	2	9	1	7	5	6	4	3
6	5	4	9	2	7	3	8	1
7	9	3	8	6	1	2	5	4
1	8	2	3	5	4	7	9	6
9	1	7	5	4	6	8	3	2
5	4	6	2	8	3	9	1	7
2	3	8	7	1	9	4	6	5

SOLUTIONS

187

5	7	4	3	1	9	2	6	8
3	2	6	8	7	5	4	1	9
8	1	9	4	6	2	5	7	3
7	8	5	1	2	3	9	4	6
4	3	1	9	5	6	7	8	2
6	9	2	7	4	8	1	3	5
9	5	7	6	8	4	3	2	1
2	4	8	5	3	1	6	9	7
1	6	3	2	9	7	8	5	4

188

8	3	1	7	6	4	9	5	2
4	5	7	9	2	3	6	8	1
2	6	9	1	5	8	3	4	7
9	2	6	5	8	1	7	3	4
5	8	3	4	7	9	2	1	6
1	7	4	2	3	6	5	9	8
6	9	5	8	1	2	4	7	3
3	4	8	6	9	7	1	2	5
7	1	2	3	4	5	8	6	9

189

6	2	4	5	1	3	9	8	7
5	3	9	7	8	2	1	6	4
8	7	1	4	9	6	2	3	5
4	5	7	3	2	8	6	9	1
3	1	8	9	6	5	7	4	2
9	6	2	1	7	4	8	5	3
1	8	3	2	5	9	4	7	6
7	4	6	8	3	1	5	2	9
2	9	5	6	4	7	3	1	8

190

9	1	4	3	2	8	6	7	5
6	5	8	9	1	7	3	4	2
7	3	2	5	6	4	1	9	8
1	8	6	4	3	2	9	5	7
3	7	9	8	5	1	2	6	4
4	2	5	7	9	6	8	1	3
2	9	7	6	8	5	4	3	1
8	4	3	1	7	9	5	2	6
5	6	1	2	4	3	7	8	9

191

3	4	9	5	8	6	7	2	1
5	7	1	2	4	3	9	8	6
6	8	2	9	7	1	3	5	4
9	6	4	8	1	2	5	7	3
1	5	3	7	6	9	2	4	8
7	2	8	4	3	5	1	6	9
4	3	5	6	9	7	8	1	2
8	9	7	1	2	4	6	3	5
2	1	6	3	5	8	4	9	7

192

5	2	7	3	1	8	4	6	9
3	9	1	4	6	2	5	7	8
6	8	4	7	9	5	3	2	1
1	4	6	2	5	7	8	9	3
2	5	3	1	8	9	7	4	6
8	7	9	6	4	3	2	1	5
9	1	5	8	2	4	6	3	7
4	3	8	9	7	6	1	5	2
7	6	2	5	3	1	9	8	4

SOLUTIONS

193

8	2	5	4	9	1	7	6	3
7	3	9	2	6	5	1	4	8
6	1	4	3	8	7	5	2	9
4	6	2	1	5	9	3	8	7
5	8	7	6	3	4	9	1	2
1	9	3	8	7	2	6	5	4
3	5	8	9	2	6	4	7	1
2	7	1	5	4	3	8	9	6
9	4	6	7	1	8	2	3	5

194

5	4	1	9	7	3	6	8	2
6	9	7	5	2	8	3	4	1
3	2	8	6	4	1	9	5	7
9	5	4	3	1	6	2	7	8
8	3	6	7	5	2	1	9	4
1	7	2	4	8	9	5	3	6
7	6	5	2	9	4	8	1	3
2	8	9	1	3	7	4	6	5
4	1	3	8	6	5	7	2	9

195

7	8	2	1	9	5	3	6	4
1	9	6	3	4	2	8	5	7
3	4	5	6	8	7	9	2	1
4	5	1	7	6	3	2	8	9
2	7	8	5	1	9	6	4	3
6	3	9	8	2	4	7	1	5
8	6	4	9	7	1	5	3	2
5	2	7	4	3	6	1	9	8
9	1	3	2	5	8	4	7	6

SOLUTIONS

196

7	2	8	9	5	4	1	3	6
1	4	6	8	3	2	7	9	5
9	3	5	6	1	7	8	2	4
6	9	3	7	8	1	5	4	2
2	7	4	3	9	5	6	1	8
5	8	1	2	4	6	9	7	3
4	6	7	5	2	9	3	8	1
3	1	9	4	6	8	2	5	7
8	5	2	1	7	3	4	6	9

197

2	3	9	4	7	6	5	1	8
1	6	8	5	9	3	4	7	2
5	4	7	2	8	1	3	9	6
4	7	6	8	3	2	9	5	1
8	9	1	7	5	4	2	6	3
3	2	5	6	1	9	8	4	7
7	1	4	9	2	8	6	3	5
9	8	3	1	6	5	7	2	4
6	5	2	3	4	7	1	8	9

198

6	8	9	1	7	4	5	3	2
5	7	4	3	8	2	1	6	9
1	2	3	5	9	6	4	8	7
9	5	7	4	2	3	6	1	8
8	3	1	9	6	5	2	7	4
2	4	6	8	1	7	3	9	5
3	9	2	6	4	8	7	5	1
7	1	5	2	3	9	8	4	6
4	6	8	7	5	1	9	2	3

SOLUTIONS

199

7	5	3	8	4	6	9	1	2
9	1	4	3	5	2	6	8	7
2	8	6	9	1	7	4	3	5
3	2	9	4	6	5	1	7	8
1	6	5	7	8	3	2	9	4
4	7	8	2	9	1	3	5	6
8	9	1	6	7	4	5	2	3
5	4	2	1	3	8	7	6	9
6	3	7	5	2	9	8	4	1

200

9	7	6	5	1	8	4	2	3
8	1	4	9	2	3	6	7	5
2	5	3	6	4	7	9	1	8
1	9	8	3	6	4	2	5	7
4	3	5	8	7	2	1	6	9
6	2	7	1	9	5	3	8	4
3	6	9	7	8	1	5	4	2
7	4	1	2	5	9	8	3	6
5	8	2	4	3	6	7	9	1

201

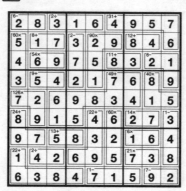

2	8	3	1	6	4	9	5	7
5	1	7	3	2	9	8	4	6
4	6	9	7	5	8	3	2	1
3	5	4	2	1	7	6	8	9
7	2	6	9	8	3	4	1	5
8	9	1	5	4	6	2	7	3
9	7	5	8	3	2	1	6	4
1	4	2	6	9	5	7	3	8
6	3	8	4	7	1	5	9	2